十分鐘熱度學習法

서동주의 합격 공부법

一句英語都不會說的少女，這樣成為美國律師

徐東珠 서동주——著

游芯歆——譯

CONTENTS

CHAPTER 1

上半場｜一流的心理訓練

CHAPTER 2

中場｜合格的學習技巧

CHAPTER 3

下半場｜沒喊卡就不算結束

用對方法，成功就能離你很近

宋怡慧

安迪・沃荷說：「走得多慢都無所謂，只要你不停下腳步。」剛開始就輸在學習起跑線的徐東珠，即便學習之路充滿荊棘，她卻憑藉學習拉自己的人生一把。作者讓我們明白：學習原來不用揪團，「千山我獨行」的自學風格最直接犀利。只要你正中學習靶心，父母、朋友、戀人等身邊的人，都可以成為自己的學習神隊友。《十分鐘熱度學習法：一句英語都不會說的少女，這樣成為美國律師》清楚地讓讀者知道：當你選擇正確的學習方式，就能望見成功的曙光。

學習需要定力，作者卻是個專注力稀缺者；學習需要天賦，作者告訴你我本平庸。這時候，你是不是有點驚訝，她靠什麼高明的學習策略，讓自己可以闖出「優秀」的一片天？她又有哪些出人意料的好法子，讓自己的學習

可以超越局限、高效成長？

《十分鐘熱度學習法：一句英語都不會說的少女，這樣成為美國律師》沒有高深難懂的學習理論，作者透過含金量高、務實又簡單的學習模式，讓你的學習「投資報酬率」輕鬆又快速地上揚。例如：「學習十分鐘，休息十分鐘」，竟然可以快速地讓作者「從魯蛇變溫拿」？

徐東珠拆解各式學習高手的套路，「散漫」又「集中力短暫」的她，如何簡化各種學習模板的步驟，讓你在能力範圍內，全力衝刺、盡己所能？原來，完成當天所設定的目標與學習量並非不可能的任務。當你願意照著她的方式有循序漸進地實踐，就可以找到學習有趣、有用的關鍵。若是再搭配地表最吸睛的「成就感筆記」，還能持續加碼，讓你輕鬆邁向學習卓越之途。

我喜歡作者自信地說：「心理管理沒有什麼了不起的方法，而是堅持做到如此簡單、尋常的事情，對學習就是最有幫助的。」有時候，你學了幾百種刺激學習動機的祕訣，最後還是敗給自己，落得興趣缺缺、學習無動力的

局面。作者要讀者做好今日計畫，認真檢核，做好每日作息的管理表，看似簡單，卻是重要的學習軸心。甚至，她也用自己的生命故事啟迪你：挫折不可怕，可怕的是你向他屈服。找對方法就能解決自己注意力不足、懶散、自我懷疑的問題。例如「十分鐘熱度學習法」就是作者將專注力容易渙散的缺點，利用策略成功地把它轉化成自己學習特長的例證。同時，她也告訴讀者：久坐不動地學習就是「刻意練習」的實踐，它是超過十小時恆毅力的鍛鍊之旅。

闔上頁扉，我終於體會到：解決學習的問題首要是心態的改變，一如保羅・科爾賀說的：「當你真心渴望某件事，整個宇宙都會聯合起來幫助你完成。」唯有相信自己可以學習，你才有機會從「不合格」躍遷到「合格」。

（本文作者為作家、丹鳳高中圖書館主任）

利用劣勢走出燦爛，從雜草漫布到走出輝煌

林怡辰

　　一張白紙上有一個黑點，你是看見黑點髒了這張紙，還是看見這張獨特有著黑點的白紙可以活用做什麼？

　　「面對性格、限制、環境的各種阻礙，你是看見問題限制哀號，還是練習看到問題、轉化問題、不斷尋求解決問題的行動方案？」《十分鐘熱度學習法》為這句話做了完美的註解。

　　《十分鐘熱度學習法》的作者徐東珠，美國名校留學，目前在韓國擔任律師從事廣播工作，還身兼作家，怎麼能想像其實是嚴重注意力不足、懶散、自我懷疑的學習者？就連求職也經歷六十多次失敗，最後靠著「注意力不足」從麻省理工學院畢業，成為美國五大律師事務所的律師！

　　是的，你沒看錯，是靠著「注意力不足」，這本書

就是從心理建設、心態調整、明確的施行方法像是學習日誌、計畫表、筆記技巧等，描述就連短暫注意力也可以學習精準有效率。除了作者本身經歷和方法值得一看，更重要的在文句間的「成長型思維」，還有遇到挫折、失敗後，不斷對自己喊話的「強大自我對話習慣」。

尤其書中提到，作者注意力只有十分鐘，所以沒辦法像一般人長時間學習，但也因為注意力只有十分鐘，所以即便分心玩遊戲或是看短片，注意力也是十分鐘，就在這樣來來回回十分鐘分心、十分鐘學習，也累積自己的目標學習量。更有趣的是，因為有十分鐘的分心時間，另類的竟然也變成激勵的誘因，減少了壓力。在能力範圍盡己所能，接受自己原來的狀況，在其之上思考尋求可以達到目標的方法，這個段落真讓我驚訝。其他像是看學習影片分心，也都有作者自己找到和注意力不足可以共存的方法。

「我還沒有學會放棄」，是另一個我注意到的點，雖然注意力不集中，但作者有滿滿的恆毅力，大學入學困難重重、插班升學也屢遭困挫、研究所都落榜，從來沒有一

次就合格。但作者「沒有學會放棄」，不斷嘗試再嘗試，就算三分鐘熱度，累積一百次也有三百分鐘，在書中幾段失敗後、沒考上的自我勉勵，盡全力之後，「全力以赴之後，將結果交給老天，再看結果修改人生計畫，結果不代表結束，而是另一個開始。」不因為一時成敗而影響自我評價，成功的關鍵在此，完全是成長型思維和恆毅力的真人傳記，很值得一讀。

讀書和考試方法具體且具有參考性，過程中一次次的嘗試思考，更是勵志故事。「注意力不足」乍看是缺點，但也有其可以活用的特長，除了給注意力不足的人參考，也適合各種覺得自己有種種限制、不利學習、各種挫折和阻礙的人，前者已有前輩利用劣勢走出燦爛，從雜草漫布到走出輝煌，在此大力推薦！

（本文作者為閱讀推廣人、國小教師）

前言

每個人都知道，卻不是每個人都做得到

　　什麼是「合格學習」？本書的撰寫就是為了回答這個問題。對我來說，所謂「合格學習」就是在最短時間內發揮最大的能力，通過考試達成目標的意思。

　　多年來我參加了數百次甚至數千次考試，全都以優異的成績通過。考試是一個測試各種學科的過程，考試的領域也各不相同。從十幾歲到三十幾歲，我橫跨了鋼琴、美術、數學、行銷和法律等領域，在準備和參加各種考試的過程中累積了獨特學習法和心態管理祕訣。

　　所以，雖然我的頭腦沒別人清楚、專注力也不是特別好，但我想透過這本書，和讀者們分享我能考出好成績的原因和方法。我堅信，如果像我這樣的人都能讀出好成績，那麼正在閱讀這本書的你，也一定做得到。

　　其實我並非如大家想像天生會讀書，甚至是個專注力

非常差的學生，即使到了現在也一樣。長時間坐在椅子上學習，對我來說就是一種不能說是折磨的折磨。我具備所有精神散漫者的特徵，像是看書看了一兩行思緒就飛到別地方去，題目才做沒兩題就突然想整理書桌等等。這樣的我之所以還能勉為其難黏在椅子上看書，就是因為獨創的學習訣竅，透過這個訣竅，我才能和別人取得不相上下，不，是比別人更好的成績。

在別人眼中，我絕對不是那種正經八百、認真學習的人，看起來更像是個無法專注的人，就連最親近的弟弟看到我學習的狀況也會不禁質疑：「姊姊難道是天才？」因為我有腰痛的毛病，所以不像大多數學生一樣正襟危坐，我經常躺著看課本或習題本。除了學習之外，我還有許多事情要做，所以一直都很忙。但我不會把失敗歸咎於自己時間不夠或注意力不集中，我認為靈活運用現有的狀況才是聰明的作法。

二十多年來，就是因為我能堅持做到「學習」這件和我性格相悖的事情，才能以優異的成績從好學校畢業、在

好職場上班。有些人可能會隨口說出「那還不是因為妳聰明，頭腦又好」這樣的話，但我比誰都清楚，自己的成績之所以優異，絕非這個緣故。

成績好的人都有一個共同點，那就是「毅力」。堅持不懈地努力之後，學習自然會送上「優異成績」這個大禮。從小到大，不管是讀不讀得下書，或是分心做別的事情的時候，我都會坐或躺在地板上，和「學習」這傢伙正面交鋒，即使精神散漫也絕不起身。當我讀書讀到一半想做點其他事情的時候，我會玩一下遊戲或看一下電視，但一定會再回到我的書桌上來。在我執筆此書期間，也不知道分心做了多少其他事情。

或許很難令人相信，但即使無數次來回於生產性學習（或工作）和非生產性雜事之間，最後知識還是一點一滴地累積下來了。所以，如果你現在正承受著巨大的壓力，坐在椅子上忍受學習痛苦的話，有一天你也必然會感受到學習所帶來的快樂和成就感。

我相信，這本闡述毅力學習的書，不僅對考生，也對

考生家屬、準備晉升的上班族，以及努力謀求自勵和發展的所有人，都會有所幫助。

世間事不如意者十之八九，但其中只有學習這件事，其結果會和個人所付出的努力、時間成正比。我希望每個人都能透過世上唯一付出與結果呈正比的「學習」，一步步接近自己想要實現的夢想和目標。當然，如果身邊有我和這本書相伴，那就更好了！

不管目標是什麼，努力的過程再怎麼辛苦也總有結束的一天。所以希望大家不要把今天的工作和學習推遲到明天，要全力以赴，一步一步向前邁進。

熱烈支持一直堅持努力的你，

也誠摯希望能成為你在邁步向前時的力量。

徐東珠

CHAPTER 1

上半場

一流的心理訓練

不去嘗試，

誰都不知道自己能做到多少。

——普布里烏斯・西魯斯（Publilius Syrus）

我的注意力
只有十分鐘

我從未遇見像自己這樣注意力不集中的人，因此很怕碰上必須集中精神的事情。

即使在寫這本書的時候，我的注意力也很不集中，才寫了一行思緒就飛到別地方去，再寫一行人又跑去做別的事情，所以不只暈頭轉向，也感到心煩意亂。「該怎麼集中注意力？我寫得出來嗎？」書都還沒開始寫，我就抱著數不盡的擔憂，腦子裡一片混亂。我記得自己小時候不是這樣的，好像隨著年齡的增長，注意力明顯變差。情況有多嚴重呢？我現在的注意力頂多只能維持十分鐘，翻開書才看了十分鐘，就總有別的思緒悄悄湧上來。

甚至在我準備律師資格考試時，也有好幾次認真考慮過，是否應該服用專為注意力不足過動症患者提高注意力所開立的處方藥。不過，我判斷自己的情況還沒嚴重到那種地步，而且一旦開始吃藥，可能就得一直吃下去，所以沒有做這樣的選擇。

　　對一個注意力不集中的人來說，學習過程是很慘烈的。一般人集中精神一個小時就能完成的事情，我卻必須花費兩倍或三倍的時間，所以體力也跟著消耗殆盡。這種情況該如何解決？我冥思苦想之後得到的結論就是——反正我本來就是注意力低落的人，以後也改變不了，那就乾脆按照我的能力，也就是注意力不集中的狀態學習吧！

　　做出了這個決定之後，我的學習常規就變成「學習十分鐘，休息十分鐘」。在準備律師資格考試的時候，我一有空就喜歡玩類似Candy Crush之類的手機益智遊戲，這是一種很快就能結束的簡單遊戲，正適合讓頭腦冷卻一下。我做完一道選擇題就玩一盤遊戲，接著再做題、再玩遊戲，以這樣的方式斷斷續續地學習。

當我對遊戲感到厭煩時，也會看看 YouTube 平臺上的短片。也因此，我在準備律師資格考試期間，玩了數千盤遊戲，看了數千部短片。如果這樣還是無法集中精神的話，我就乾脆開著 Netflix 學習。不過，我不會一直盯著畫面不放，我會把電視機放在右邊，只聽著聲音做題。題目做著做著注意力又開始分散時，才會稍微轉過頭來看看連續劇或電影。我還算是有良心的，看的主要是像《謀殺犯的形成》這類與犯罪或法律相關的系列紀錄片。當有人對我這麼做感到不以為然時，因為得學習刑法，所以只要堅稱這有助於學習就行。坦白說，其實我並沒有嚴格遵守「學習十分鐘，休息十分鐘」的規定，有時學習和休息各三分鐘，有時各十五分鐘。

　　但重要的是，就算分心做別的事情，只要時間一到，我就能馬上回頭用功。正因為我的注意力低落，所以不管是玩遊戲還是看短片，也都只是暫時分心而已，不會破壞或耽誤我當天的學習。反正我天生如此，明天也差不多就這樣。而且，不管是明天還是後天，我都是一個「注意力

不集中的人」，所以絕不能以學習不佳為藉口，停下學習的腳步。

令我驚訝的是，當把分神的時間也包括在學習規律裡之後，竟然開始一點一滴發生變化。即使「學習十分鐘，休息十分鐘」的週期無限循環，我也能慢慢完成當天所設定的目標學習量。

這聽起來或許有點不可思議，但「解開一題就能分心一下」也算是一種另類的激勵方式。我一面告訴自己「趕快解決掉這題就可以看短片」，一面開心地學習。而當我想到分心做的事情並不會破壞掉這一天的學習時，更是大幅減輕了心理壓力。

讀書時，適當的壓力是良藥，但沉重的壓力卻是毒藥，所以才會有「心態管理很重要」這樣的說法出現。能否按時完成自己的學習計畫取決於個人的決心，即使是一個懶散，注意力又低落的人，只要能進行適度的心理訓練，就會產生連自己都難以置信的結果。

我很清楚自己是個注意力不集中的人，所以我決定

遵守包括分心在內的學習常規。如果正在閱讀這本書的你
也是注意力低落，無法長時間集中精神在一件事情上的類
型，那麼請試著透過這樣的方法來習慣長時間久坐學習。
就算沒有與生俱來的專注力，無法輕易靜下來用功十小
時、十五小時的人，也可以完成足以通過一般考試的準
備。畢竟，在能力範圍內盡己所能，才是踏出學習的重要
第一步。

無法集中注意力
就去散散步？

大家應該都有過這樣的經驗，有時候書讀得很順利，有時候卻怎麼也讀不下去，沒有原因可言。

如果碰上注意力明顯低於其他日子、書讀不下去的情況，就算再怎麼努力用功也不會有多大進展。有人會認為，既然當天學習狀況不理想就乾脆休息一天，讓自己好好放鬆，但我對此不敢苟同。因為即使在考試這麼重要的日子，幸運的話，或許正好當天注意力很集中，但其實碰上因身體狀況不佳，無法集中精神的機率更高。

所以我認為，勝敗的關鍵就在於「如何」度過學習效率不理想的日子。而且，如果因為學習無法盡如人意就半

途而廢的話，結果也會一無所獲，頂多是身體放鬆了，但心裡一定不痛快。因為沒有達到自己所設定的目標，心情不可能輕鬆愉快。

而且如果因為今天精神不集中就休息的話，那明天還會想用功嗎？應該更不想吧！根據我數十年來的經驗，當精神不太能集中時，常會出現下面這樣的行為模式，而大多數日子都差不多是這樣子的。

→ 閱讀一段必須背下來的段落

→ 注意力不集中，讀不進去

→ 用手機觀看一段 YouTube 影片

→ 突然覺得自己很不應該，就把手機正面朝下蓋在
　桌上，再讀一遍同一段落

→ 仍然無法集中注意力，忍不住又拿起手機來看

→ 朋友發來簡訊，就和朋友聊了大概五分鐘左右，
　之後再度打起精神

→ 回頭看書，閱讀下一個段落

→ 但內容還是讀不進去

→ 又去觀看一段YouTube影片

→ ……（無限重複）

我也曾經想過，既然如此，乾脆起身做做伸展操，等到重新打起精神再回頭來看書，效果會不會比較好？但經驗告訴我，碰上這種情況絕對不能起身，屁股一定要緊緊地黏在座位上（我的話，主要都是趴在地上看書，所以是肚皮黏在地板上），硬看也要繼續看下去。

雖然因為注意力不集中，會做出五十次或一百次重複「解完一道題就玩一盤遊戲或看一段YouTube影片」的憾事，但最重要的是絕對不能起身。就算一天中有百分之八十的時間都在做其他事情，只有剩下百分之二十的時間集中精神用功也沒關係，在完全無法集中注意力的最惡劣情況下還能堅持學習，這一點就值得肯定。

譬如我週末不上班的時候，一天至少學習十二個小時。這十二個小時並非都純粹在學習，還包括了分心做其

他事情的時間。即使看書看不進去，除了吃飯、上廁所，我還是會把屁股硬是黏在椅子上（肚皮黏在地板上）坐著不動。為什麼我非得把自己逼到懸崖上呢？原因只有一個，那就是為了訓練大腦。大腦也和肌肉一樣，可以藉由不斷訓練來改變。而且，透過這個過程也能養成久坐不動的習慣。

其實我參加律師資格考試的那一天，真的是精神極端不集中。本書後面的內容裡會有詳細介紹，而我在那種注意力分散、精神恍惚的情況下，還能勉強考完的原因，我認為是平時無論注意力是否集中，都不找任何藉口或理由，堅持訓練自己久坐不動學習的緣故。

善良的人絕對
無法好好學習

　　學習從來都不是單獨一個人的事情，需要身邊許多人的協助，其中尤其以家人的協助最為重要。或許每個人個性不同，需求也不一樣，就我個人的學習情況來說，家人只要默默地在一旁照顧，就是最大的幫助。順便一提，我這個人比較叛逆，別人叫我做什麼我偏不做。不管我，我反而會自己看著辦。

　　上小學的時候，不管是學習還是寫作業，我都會自己主動去做。有時候學著學著，就不知不覺沉浸在內容裡，範圍早就遠遠超過了老師指定的分量。不過，我雖然會自己主動學習，但當媽媽開門進來問一聲：「功課寫完了

沒？」我就會突然失去動力，啪地一聲闔上書本不想再繼續。甚至也曾經耍任性，故意當著我媽的面，很叛逆地用力闔上書。

本書的讀者裡，應該也有個性比較叛逆的考生或準備應考的人，如果性格和我差不多的話，那至少在考試期間，家人的「不過問」會是最有幫助的態度。

父母會毀掉孩子的行為

學生家長的角色真的很重要，如果有什麼話是家長們最不該說的，那就是「比較」。像是：「隔壁的誰誰誰自己就知道用功，為什麼你就這副德性？」或是：「教會姐妹、兄弟們的孩子誰誰誰這次成績進步了，你為什麼還是考那麼爛？」等等，只要是在韓國土生土長的人，這種話在成長過程中都至少聽過一次。

然而，青春期的學生在聽到這些話之後，心中會不由自主地產生抗拒。坦白說，隨便吐出那種話的父母，很多

人在學生時代的成績也不見得有多好，甚至也因為不用功挨過罵。自己做不到的事情卻希望孩子做到，這是理所當然的嗎？

　　父母在責備孩子之前必須先記住一件事，那就是近來學生們之間的競爭，比你們那一代還要激烈。現在的青少年要忍受的痛苦，比幾十年前還多出十倍、二十倍。並且，不要拿你的子女與隔壁家的孩子或上同一所教會的孩子做比較。這些孩子的父母有人為子女提供經濟上、心理上的支援是你的好幾倍。父母們在拿自家孩子和別家孩子比較之前，是不是也應該先比較一下自己和別家父母呢？

　　也不要對那些說自己會看著辦的子女做出攻擊性反應，當父母說用功一點時，通常孩子會回答：「我自己會看著辦！」於是許多父母就以：「什麼叫你自己看著辦？你有好好打掃過自己房間嗎？早上有自己準時起床過嗎？」之類的攻擊性言詞回應。因為他們心中往往帶著「我最清楚孩子需要什麼，沒有我，孩子就什麼都做不了」的想法。

但孩子就不一樣。我認為當孩子自己覺得有能力做到，而且父母也發自真心相信自己的時候，就會在學習上取得好成績。尤其是那種鬥志高昂，打算好好學習的孩子，與其貿然對他們指手畫腳，不如放手讓他們去做，在一旁默默守候就行。

從今天起，不要再做無謂的比較和嘮叨，要相信你的孩子！而且，一個完全沒有學習意願的孩子，不管怎麼罵他也不會去看書，也就更沒必要浪費大量時間和精力在嘮叨上了。

學習時談戀愛要自私一點

常有人問我，在準備重要考試或就業時，可不可以談戀愛？我想提供這方面的一點建議。

我喜歡談戀愛時能得到的獨特能量，所以我從來沒有因為正在準備考試就故意不談戀愛。倒是當我想全力衝刺考試時，會鄭重地拜託對方，這段期間內，我們的戀情可

否以我為主。

　　所謂以我為主的戀情，就是當我有空時才見面，見面後我還要學習的話，對方也會帶著學習或工作資料，在咖啡館之類的地方各做各的事。簡單來說，就是請求男友或女友的諒解，請他們在這段學習期間成為自己的幫手。因為戀愛雖然重要，但如果會影響到職業或生涯穩定的話，這段戀情到最後夭折的可能性就很高，所以暫時還是以考試為優先考量。當然，考試結束後，對方為我所做的犧牲，我也要同等回報，以感激之心繼續這段戀情。

　　就像這樣，在學習期間可以稍微自私一點，讓父母、朋友、戀人等身邊的人都成為自己的幫手。唯有如此，才能穩定克服原本就很艱苦的過程。因此，如果你即將面對重要考試或面試，我建議你在開始準備之前，先和周圍的人就自己的情況進行坦承而真摯的對話。雖然顯得有點自私，但身邊親近的人一定會願意祝福你如願以償。透過對話的方式，和他們深入分享未來一年或幾個月期間你將以

什麼樣的方式完成計畫，並且希望他們隨之表現出什麼樣的態度來支持自己。

　　我之所以再三強調他人的幫助，是為了讓大家知道確實有其必要，因為如果想達到學習的效果，就必須全力以赴，畢竟心想事成絕不是一件容易的事情。

每個學習小組
都藏著一個惡棍

99

　　大家都知道，學習中最困難的事情之一就是「心態管理」。

　　心態管理的最大障礙，莫過於周圍擁有相同目標的同學們。有過經驗的人應該都知道，高三時期的考生、國考時期的國考生、就業準備時期的準求職生，都承受著多麼難以忍受的辛苦壓力。

　　由於對話的話題都局限在考試和就業準備上，所以只要和同學見面，彼此一開口就是「最近壓力很大」、「讀不下去」之類沒完沒了的抱怨和擔憂。事實上，這種程度還是可以忍受的，但如果有一個自稱「包打聽」之類的朋

友，那壓力的層次就不一樣了。

「聽說學霸○○上的是△△補習班！」
「聽說考前猜題集一定要用命中率高的◇◇補習班出的！」
「□□說這本練習題庫一定要買！」

當然不一定全都這樣，但這種人通常都不怎麼用功，又被稱為「學習惡棍」，就是指這些忙著到處散播小道消息的人。這種沒頭沒尾、來源不明的小道消息一旦傳入耳中，心裡就會忐忑不安、隨之動搖，想著自己是不是也該按照那種方式來學習，擔心如果不用那本有名的考前猜題來演練的話，會不會比不上別人。

以前，我也曾經有過考前焦慮，所以特意參加一個學習小組，和補習班的同學們一起用功。但是每次聚會都會先聊天一個小時，接著吃點心又用掉三十分鐘，上化妝室又用掉十分鐘，眼看著幾個小時的時間就這樣溜走了。等

到大家終於定下心來學習，只剩不過三十分鐘左右，不知不覺又到了該回家的時間。如果我真的是什麼都不懂，還能就不懂的部分請教同學，得到他們的幫助。但大家的程度都一樣似懂非懂，誰幫誰還不知道。結果，我只感到浪費了寶貴的時間，學習結束後，心情更加焦慮。

而且，小組中如果有一個特別聰明或特別博學的同學，看到那個同學學習的模樣，只會加重我的壓力。因為我和那個同學各自擁有的知識量相差太大，我甚至不知道自己何時才能擁有像他那麼多的知識，去請教他反而讓我更彆扭。

獨學族的必需品：重點筆記

最後，我選擇了一個人獨自學習的方式，不管結果如何，我決定「千山我獨行」。

既然如此，整理筆記和重點摘要就得全由我自己一個人負責。於是我製作了「重點筆記」，先以目錄制定

基本架構之後（詳細內容請參考Chapter 2〈先照目錄抄下來〉），再寫下上課時聽到的內容和教科書中我覺得重要的部分。不只如此，我還會上網查詢別人的整理方式，如果有遺漏的地方就添加進去。如果有上補習班的話，參考講義資料也不失為一種方法。

最後也是最重要的步驟，做題、計分之後要仔細閱讀解析，並在筆記裡補充缺少的部分，這樣就算整理完成。事實上，重點筆記的重要性在於製作筆記的過程本身。因為在製作的過程中，重點經過有條不紊的整理，會產生在一定程度上自然而然記在腦中的效果。

製作重點筆記

❶ 以目錄制定基本架構。

❷ 填入上課時聽到的講解和課本上的重點內容。

❸ 透過網上資料和題庫，添加他人所強調的部分。

　　　　　　　　　　　　　　　獨學時這部分
❹ 做練習題。　　　　　　　　　特別重要！

❺ 計分後仔細閱讀解析，若有遺漏就加進筆記裡。

在我開始「千山我獨行」之後，進度可能會稍微慢一點，但再也不會受到與學習無關的人際關係壓力和困擾。我可以感覺到，原本充斥著無謂閒聊、猜忌、嫉妒、焦慮、錯誤情報的大腦，被一點一點清空，並且把過去消耗在沉澱情緒上的所有時間和精力投入到學習中。

畢竟，學習是一場與自己的戰鬥，因此我絕不能落敗。學習的時候要專注在這場只屬於自己的戰鬥中，最好盡可能避免與處於相同情況的人碰面。我在法學院就讀的時候，從不隨便和班上同學說起有關考試或學習的話題，就只是閒聊而已。如果真的因為學習壓力過重想找人訴苦，我也不會找同學，而是找其他朋友。不過，我和朋友們主要聊的還是美食餐廳或旅行等話題，也盡量在閒聊、完全不去思考有關考試的事情。既然我已經把這段時間設定為休息，就要盡量讓大腦休息。

參加律師資格考試的那天也一樣，休息時間我不會和同學們討論考試內容，而是摀著耳朵、閉上眼睛，在腦海裡回想學過的內容。鄰座同學忙著對答案，我也盡量不去

聽他們說話。事實上，一個努力用功過的人根本沒必要對答案，只要做好了充足準備，自己就能衡量出在這次考試中發揮了多少實力。這就是「千山我獨行」的精神。

其實，心態管理沒有什麼了不起的方法，而是堅持做到如此簡單、尋常的事情，對學習就是最有幫助的。

我的自尊感
來自一本筆記

——————————————— 99 ———————

　　最近「自尊感」（自我尊重、自我肯定感）一詞躍升為熱門關鍵詞，有越來越多書籍和講座強調如何提升個人自尊感，但大多充斥著諸如「遠離有損你自尊感的人」或是「你的存在本身就值得被愛」之類的內容。然而，僅僅為了提升自尊感就想澈底換一批朋友或換一個環境，事實上是不可能的。

　　就算想和專說風涼話的高中同學保持距離，但和該同學一起同在的聊天群組要怎麼處理？即使想和只會說話挖苦人的上司保持距離，也不能因此就放棄工作。所以，與其想著如何改變周圍環境，不如反過來投資大量時間和努

力在自己身上，打造堅不可摧的內在，積蓄自己的「自尊感電池」容量。

在我就讀麻省理工學院期間，有位教授就說，人類的智商就像「電池」，擁有大容量電池的人可以同時做好所有事情，而只有小容量電池的人，就算做一件簡單的事情也會超過負荷。所以有人不管做多少事情都很神奇地做得非常好，而有些人只做一件事情就覺得很吃力。

我覺得自尊感也一樣，自尊感高的人，不管別人怎麼喋喋不休地說話傷人，不管遭遇什麼意想不到的困難，都能夠固守本心，堅定地完成自己該做的事情。但是，自尊感低的人，旁邊隨便一個人說句不順心的話，玻璃心馬上嘩啦啦碎一地，什麼事也做不了，幾天幾夜擺脫不了憂鬱的心情。

所以打造大容量自尊感是非常重要的，尤其在面對即將到來的重要考試或學習時，更加重要。

學習就像必須在短則數週、長則數年的時間裡專注、反覆的一項任務（考試前一天臨時抱佛腳不算學習）。即

使處於周圍人們多管閒事和時時刻刻變化的情況下，只要有堅若磐石的自尊感，學習就會變得十分順利。

成就感筆記書寫法

那麼，到底要怎麼做才能將自尊感打造成大容量電池呢？雖然是老生常談，但自尊感就如同積木，當幾個「小成就感積木」堆積起來築成一道堅固的城牆時，自尊感也隨之高漲。而成就感則可以從逐步完成自己所計畫的事情裡獲得。

我另外製作了一個小的「成就感筆記」，裡面列出每天的待辦事項。筆記本裡沒什麼特別的內容，只寫了日期和待辦清單。每完成一件事情，就在編號旁邊打個勾，如果事情只做了一半沒能全部完成，就打個三角形，改列入第二天的待辦清單裡。

我從中學時代開始，就一直製作和編列這樣的清單。因為要列得越詳細越好，所以有時候一天就列出多達二十

件左右的待辦事項。列完清單後，再一項項邊做邊打勾，很快就能輕鬆完成所有事項。

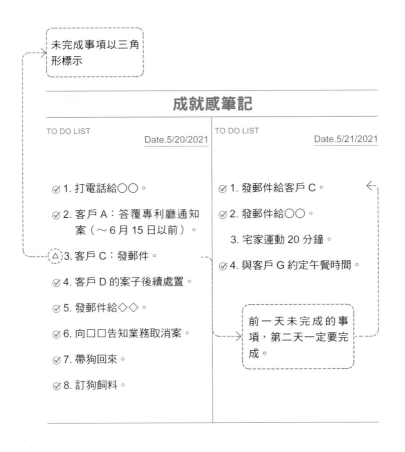

未完成事項以三角形標示

成就感筆記

TO DO LIST
Date.5/20/2021

☑ 1. 打電話給〇〇。

☑ 2. 客戶 A：答覆專利廳通知案（～6 月 15 日以前）。

△ 3. 客戶 C：發郵件。

☑ 4. 客戶 D 的案子後續處置。

☑ 5. 發郵件給◇◇。

☑ 6. 向□□告知業務取消案。

☑ 7. 帶狗回來。

☑ 8. 訂狗飼料。

TO DO LIST
Date.5/21/2021

☑ 1. 發郵件給客戶 C。

☑ 2. 發郵件給〇〇。

　 3. 宅家運動 20 分鐘。

☑ 4. 與客戶 G 約定午餐時間。

前一天未完成的事項，第二天一定要完成。

學習也是一樣，如果已經做好今天的計畫，每次完成一件目標事項就打個勾，有未能完成的學習（當然最好是沒有）就打個三角形，然後加進明天的待辦清單裡，以此來管理每日作息。隨著象徵目標達成的勾號一個個增加，每天的紀錄層層堆疊，幾年內就寫了好幾本筆記。看到這樣的過程，誰都會油然生出一股成就感。就像這樣，小小的成就感累積下來，我的自尊感電池容量就變得越來越大。擁有積「小成就」成「大容量自尊感電池」的人，無論周圍的人說什麼，都能絲毫不受影響地走在自己該走的道路上。

　　當我第一次說要上法學院的時候、當我第二次參加律師資格考試的時候、當我決定寫一本書的時候、當我想要從事廣播工作的時候，每次都不知道有多少人想成為我這條小船的舵手，在一旁指手畫腳拚命出主意。在我成為律師之前，他們說：

　　「妳都這個年紀了，還上什麼法學院，

　　　　　　　　　　　　　　　　　十分鐘熱度學習法

考一次沒通過就放棄改走別條路吧！

現在年紀不小了才想當律師，難囉！」

在我成為律師之後，他們又說：

「好好當個律師不就得了，為什麼要改行從事廣播工作，薪水還嫌少嗎？

妳是不是有病啊？什麼事都想做做看。

妳又不是作家，寫書幹什麼？

長得又不漂亮，已經一把年紀了，妳還想做什麼YouTuber？

哎唷，妳還想不想結婚，想不想生孩子呀……」

這些話沒有傷害到我，我也根本不當一回事，不會因此受到傷害或動搖，反而一邊學我想學的，一邊工作，專注在人生中想實現和挑戰的目標。

我不認為是因為我比別人出類拔萃或更為聰明，所

以才不會被他人的話語影響。相反地，我覺得我有很多不如他人的地方，像是注意力不集中、學習智力也一般。但是，我從小累積下來所謂「成就感」的城牆，為我打造出「大容量自尊感電池」，當我感到力不從心有所動搖之際，守護著我，讓我不至於崩潰。

現在，我的船上只有我一人掌舵，未來也同樣如此。希望正在閱讀本書的你，船上也只有你一人在堅定地搖著槳。

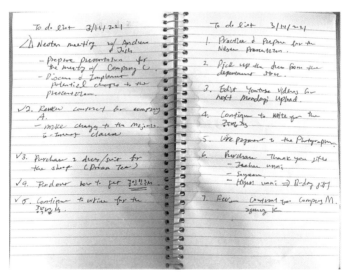

這是我實際紀錄的成就感筆記。

十分鐘熱度學習法

星巴克為何
有那麼多「咖學族」？

> 〞

　　我最討厭有人說：「因為……所以我做不好。」
「因為……所以我做不到。」為自己製造自我設限的「魔
咒」。

　　因為魔咒越多，學習和考試失敗的機率就越大。舉例
來說，有下列幾種常見的魔咒：

> → 沒有○○牌的鉛筆或鋼筆，我沒法好好學習。
> → 如果考試當天不能使用特定品牌的鉛筆或鋼筆，
> 　那還能考好嗎？

→ 在家看書沒辦法專心。

→ 如果因為新冠疫情圖書館關閉，也沒辦法去咖啡館的時候，怎麼辦？

→ 坐在旁邊的同學只要一抖腳，我就覺得煩躁，沒辦法專心。

→ 如果考試當天鄰座考生抖腳，或轉鉛筆不時掉在桌子上，或者感冒一直咳嗽，怎麼辦？

光想想就覺得很可怕。如果自帶特定魔咒，碰上突發狀況時，顯然無法專心學習，考試也會考得一塌糊塗。因此，備考期間該注意的是，不要給自己製造不必要的魔咒，更不要製作個人吉祥物或護身符之類的東西。萬一不小心遺失的話，那一整天可能都會處於精神崩潰的狀態。

因此，只要下定決心好好用功，就使用隨處可得的鉛筆或鋼筆，不要管筆的粗細、書寫感等等細節，用就是了！顏色也是一樣，要養成習慣藍筆、黑筆都用，訓練自己無論使用哪種顏色的筆都能學習。

同樣的道理，也不要太挑剔場所。不要以為只有在自修室或咖啡館才能專心學習，也不要草率地作出在家絕對讀不下書的結論。當然，其中或許會有「最適合學習的地方」，但絕不可以有「無法專心學習的地方」。只要能專心，不管在家、在咖啡館都能好好用功，那麼到了自修室的話，學習情況就應該更好了。

我躺在床上學習

我的腰不好，久坐就腰痛，所以我長時間「躺」在床上學習。沒錯，我是在家，而且是在床上躺著學習的！

弟弟見狀，幫我取了個名稱叫「忍者學習法」，因為沒人看過我坐在書桌前認真學習的模樣。一個考試期間全程相伴的朋友也說，如果他母親看到我開著電視，躺在床上滾來滾去看書的樣子，一定會罵聲「懶惰鬼」，然後一巴掌打在我脊背上。但躺著看書是我至今嘗試過最棒的方法（對我個人來說）。

躺著，其實比任何姿勢更容易打瞌睡。所以不知內情的人看到了，可能會懷疑我躺在床上滾來滾去怎麼可能用功？但對我來說，這是絕對不會腰痛的最佳姿勢，也是一種集中精神的方法。告訴你一個祕密，這篇文章我其實也是躺著寫的。

一開始我可能也是聽了別人的經驗後產生一種既定印象，覺得躺著學習容易昏昏欲睡。但有一天，我和一個成績非常優異的學長聊天時，他說成績好的人似乎都具有隨時隨地集中精神學習知識的能力。他還補充說了一句：「即使去喧鬧的夜店也能學習。」

當然，他的話多少有點誇張，但從那天開始，我也想成為一個隨時隨地都能學習的人。為了達到這個目標，我決定把所有造成我學習不理想的辯解統統收起來。

因為家人大聲講話，沒法學習；坐著學習，我腰痛；躺著學習，不知不覺想睡覺；去咖啡館，鄰座的人衣服上的菸味薰得我受不了；去自修室，因為有人沒戴口罩每隔五分鐘就咳嗽，讓我火冒三丈……隨著我把無法集中精神

的所有理由都看成是藉口以後，我開始幫自己洗腦。

「即使在家裡，我也能集中精神。」

「即使不是平時慣用的書寫工具，而是其他的筆，也不會影響我的成績。」

「即使在自修室裡，鄰座的人把東西放在書桌上時哐啷作響也無所謂，沒什麼大不了的，我還是可以繼續專心預習和複習。」

就這樣，隨著我慢慢收斂心神，魔咒也逐漸消失。魔咒既然消失，於是不管在哪種狀況下我都能夠達到一定程度的專注。記住！沒有魔咒的人，學習更有利。

成為課堂上的
提問殺手

,,

　　從小，我就是個好奇寶寶，凡事聽了從不照單全收，也不會馬上相信，一定要問一句：「為什麼？」

　　為了找到答案，一九九〇年代每個國小學生人手一本的百科全書，我是從頭讀到尾。不，應該說我見書就讀，不管內容是什麼，這種個性也讓我在課堂上一有疑問，就非得問個清楚才甘心。

　　許多人不喜歡在課堂上提問，因為害怕問的是個愚蠢的問題，會在大家面前出醜，或連累只想趕緊下課的同學們。當然，我也曾經因為後面這個理由而猶豫不決，但至少從沒因為前面那個理由就放過不問。

每次上課，我總感覺其他同學好像都聽懂了全部內容，只有我一個人不懂似的。因為大家都手握五顏六色的原子筆或螢光筆，交叉使用各種書寫工具認真作筆記，還連連點頭表示贊同。但事實上，他們大多數人的知識水準和我差不多，我聽不懂的他們也很可能聽不懂。而且，其中一些人說不定就正等著像我這樣的人代為提出問題。

你打算捐贈千萬元到何時？

　　如果你還是討厭上課提問的話，請想想「學費」。普通公立國高中就算了，但從上了大學以後，我們就開始繳交金額不菲的學費，要不然怎麼會有學費「千萬元時代」（約台幣二十五萬元）這種說法出現。

　　以我來說，我從小學開始就念私立學校，一直到研究所為止，這之間不知道為學校「挹注」了多麼大量的金錢。所以每當我腦子裡浮現疑問，猶豫著要不要提出的時候，我就會想起昂貴的學費。於是在心裡默念著：「繳了

那麼多錢給學校，有疑問當然要提出來！」管他問題有多愚蠢都無所謂。我反而覺得，既然繳了學費，有問題不提出來才是愚蠢的行為。

即使去了麻省理工學院以後，我還是一如既往地問個不停。這裡因為學校的特性，天才學生特別多，所以有時，不，幾乎每次，當我猶豫要不要在眾人面前提問時，內心都要經歷一番掙扎。

但每次我都還是會鼓起勇氣舉手發問，因為我相信一定有跟我一樣不能馬上就理解的學生。如果覺得除了自己之外其他學生似乎都聽懂了，再提問有點擾民的話，那麼即使上課時沒有舉手發問，也會在課堂結束後，馬上去找教授或助教解惑。

提問也是一種技巧

隨著時間流逝，即使我已在律師事務所擔任律師，好奇心也同樣無止盡。

以基層員工身分進入一家公司工作，常會因為一無所知而感到困惑。因此，當被分配到某個項目或工作時，往往會不知該從何做起。

碰到這種情況，我就會投入一定的時間來理解分配給我的業務，從分析開始做起，但絕對不會孤軍奮鬥超過一個小時，因為只有工作效率高的人才能在職場生存下來。因此我傾向花一個小時左右的時間掌握情況，了解自己該做什麼，如果有不理解的部分就標示出來，整理好相關問題，盡快請教上司。

後來每次接到工作，我就乾脆先提出如下幾項基本問題，藉此提高對業務的理解和效率。

→ 確定期限：這件工作何時要完成？

→ 查看實例：以前若有類似案例的話，可否查看實際例子？

→ 提示和訣竅：上網檢索資料時，該使用哪些關鍵詞較有效率？

→ 處理時疑問事項：如果出現與業務相關的疑問事項，可以找哪位諮詢？

我會視情況先提出上述幾項問題，盡可能在一開始的時候就帶著大量情報回到我的座位。

如果你還是不喜歡提問的話，那麼請記住這句話：「天下沒有不必要的問題。」連被分配到的課題或業務都不能完全理解，還藉口害羞、怕問題層次太低、別人說不定會討厭，而不提出問題，這才是最愚蠢的行為。當然，對方說明的時候要仔細聽，不要下次又重複詢問同樣的問題，白白浪費大家的時間。不過初學者一再發問，也絕不是一件丟人的事。

所以，提問絕不該被視為出於「無知」或「愚蠢」，反而是「聰明人」才做得出來的事。只有那些雖然沒有掌握內容但知道自己意圖的聰明人，才能及時提出尖銳的問題。因此，我希望你能稱讚在課堂上勇於提問的自己，是一個聰明又勇敢的人。

事實上，不懂就問的態度，會讓人生變得輕鬆許多，甚至減少時間的浪費！希望你從今天開始就能毫不猶豫地勇於發問。

是不為也，
非不能也

"

「妳一定沒問題！」

「妳腦子靈活又聰明！」

成長的過程中，這種話我聽了無數次，但一直不以為然。我的學習智力一般，又總是在比我聰明許多的同學之中孤軍奮鬥，所以從來不覺得自己聰明。

我在大學上數學課的時候，因為完全聽不懂，所以一直皺著眉頭聽課，教授每句話開頭都是「Obviously」（很明顯地），我根本搞不清楚到底哪裡明顯，但觀察其他同學，卻發現大家都慢條斯理地點著頭。

「Yes, Obviously.」（是的，很明顯。）他們偶爾還會在嘴裡小聲複誦這句話。他們到底是如何聽懂了那麼難的內容，還反射性說出那樣的話呢？震驚之餘，我甚至不敢發問。出於無奈，我只好把黑板上的所有內容全部抄下來，回家再仔細看一次。

因為一直都是這樣，所以我根本無暇感受自己是否聰明，只想著如果我投資比班上同學多兩倍、三倍的時間，是不是就能趕上他們。我依然相信「有志者事竟成」，所以也不會把自己腦子比別人差或智力不如人當成藉口，在學習上半途而廢。

堅持到底

就讀法學院二年級的時候也是一樣，當時我透過暑期實習，在美國排名前五的律師事務所之一的博欽律師事務所找到了一份實習工作。

那時和我同期實習的學生都是就讀哈佛大學、史丹佛

大學、康乃爾大學等一流大學法學院的優秀學生。而我就讀的法學院是排名一百名之外的學校，我在一年級時甚至沒有認真用功，成績單上拿到一堆C。

迎新時，大家都是初次見面，彼此打著招呼自我介紹，大部分人都忙著誇耀自己的學校：我來自哈佛，我來自史丹佛……在他們不甘示弱地喋喋不休下，我有點不好意思說出自己來自哪所大學的法學院，如果問我從哪所大學畢業，至少還能自豪說出自己是麻省理工學院出身，可惜沒人問。

不過，我也不會因此感到沮喪，就算我不夠聰明，學經歷不如人，但我有「飢渴精神」（hungry spirit）。這種精神不會讓我腹中又飢又渴，卻會讓我珍惜時間和努力。

在此也簡單說明一下美國大型律師事務所的暑期實習制度，大型律所可算是全國各地人才的薈萃地，月薪不僅明顯較其他律所或企業實習要高得多，而且一般公認在大型律所工作能在短時間內擁有豐富經驗，所以跳槽到其他公司時也較有優勢。

這個項目原本就聚集了眾多人才，所以各律所都試圖透過舉辦豐富的活動來積極攬才。博欽律師事務所也舉辦了數十場活動，包括品酒會、高爾夫錦標賽、高級餐廳的晚餐會、水療體驗等等。此外，每天還提供每人約臺幣一千二百元的午餐津貼，讓實習生可以嘗盡律所附近所有美食餐廳。

　　要通過暑期實習甄選很難，但是一旦通過，整個實習期間都是律所在主動拉攏學生，實習生只需要享受活動、適度工作就行。只要不犯下荒謬的失誤，幾乎所有實習生都會被錄取為正職員工。

　　可惜我就沒那麼幸運。與其他輕鬆享受活動樂趣的實習生相比，我的學經歷太差。雖然大學讀的是好學校，但現在就讀的大學法學院排名和成績卻都低得離譜。總而言之，我為了能在項目結束後被聘為正職員工，只能迫使自己在整個暑期實習期間都盡我所能地努力，一定要讓所有項目負責人都無法提出任何意見來淘汰我。

　　所以整個夏天我都刻意減少睡眠時間，專注在工作

上。不管有什麼活動，業務幾點結束，我都會回到公司把工作做完，加班更是家常便飯。而且不只平日，我連週末都工作，所以律所裡幾乎所有人都知道我工作很認真，而我負責的工作也比其他實習生多得多。

我還記得發生過一個小插曲，有件困難的案子已經有其他兩三名律師接手過，卻都因為找不到解決關鍵而放棄，然後案子交到了我手上。當時因為連客戶自己也幾乎都放棄了，所以才給了我這個時薪最低的基層實習生一個機會。工作內容是要註冊客戶想要的商標，但根據美國專利商標局一名審查律師的說法，該商標只單純著重在描述產品的功能，不具備商標價值，所以已經數度遭到否決。

作為剛入門的實習生，我知之甚少，但我知道要蒐集足夠的證據來反駁審查律師的主張才是最困難的。所以我必須提出像是商標的用處、在商標上投入了多少資金、與商標相關的產品銷售了多少數量等等資料，但客戶卻不會輕易提供這些證據。（這點可能很矛盾，但因為站在客戶的立場，會認為一旦把資料交出來，相關內容就會被全部

公開，有礙後續尋求投資或上市。所以除非必要，他們不會輕易提供所有資料。）

我覺得繼續坐在律所辦公桌上研究資料也不是辦法，因此決定乾脆每天到客戶辦公室去，先和那裡的職員混熟再說。既然律所裡有能力的律師們早就蒐集足夠的資料再三研究過了，那我就得採取其他方法。

過了一段時間之後，事情開始有了變化，我拿到了之前客戶一口拒絕說絕對不會提供的資料。我在彙整資料的過程中，盡量向客戶公司的職員們解釋為什麼審查時需要這麼敏感的資料、我打算以這些資料使用何種策略等等。而且不管再忙，對於客戶來電和電子郵件，我都會盡快回覆，努力讓他們放心與我們合作。因為在進行工作的同時，也要讓對方信任自己，這也是工作的一部分。

就在我患得患失，擔心自己的充足準備仍然有可能無法通過審查時，沒想到審查律師來電說商標註冊通過了。客戶馬上發來一封感謝我辛勤工作的郵件，幾位同樣負責商標註冊的合夥律師和我的同期們也來電慰勞我的辛苦。

我還收到幾封內容寫著「實在很好奇妳這樣一個沒有經驗的人是怎麼辦到的，不過還是恭喜妳！」之類的電子郵件。這種好奇多於輕視的感覺，讓我很開心。

暑假過後，召開了最終評議會。我還清楚記得，當時我坐在律所人事主管、負責人、合夥律師的正對面，心情緊張得不得了。合夥律師笑著對我說：「丹妮爾，妳不用緊張。」然後告訴我，這個暑假我負責解決的案子比別人多了三倍以上。最後結果如我所願，在法學院畢業之前就被聘僱為正職律師，所以三年級整個學年我都可以安心上學了。

世上沒有不困難的事情，想要和比我優秀的人並駕齊驅，有時候即使付出比他們多了兩倍、三倍的努力也不夠。但是每天多一點努力，就算不夠完美，也能慢慢追上他們的步伐。至今我依然覺得自己有很多缺點，但這也成了一種動力，讓我能更勇敢地面對挑戰，而不會就此放棄。因為，天下無難事，只怕有心人！

數百次
不合格通知

99

　　我的考試從來沒有一次就通過的，不管是學校的入學考試，還是律師資格考試，所有關卡都吃盡了苦頭。

　　大學入學考試時，所有我想去的學校都沒考上，只能先進衛斯理學院美術系就讀。幾年後，才於二〇〇四年插班轉入麻省理工學院數學系。插班過程也不是那麼順利，申請了秋季班沒通過，只能重新申請春季班。但是按照學校規定，春季班根本不接受外籍學生的申請，我只好暫且先辦理申請登記，然後跑到入學管理處說明我的情況，懇請校方接受我提交的申請書。

　　當時我在衛斯理大學主修美術，所有數學、科學的學

科都是在姊妹校麻省理工學院上的。我不眠不休地用功，所有學科都拿到了Ａ，美術生的我擊敗了麻省理工學院的工科生，成績總是名列第一。美國的大學一般來說不會公布成績，所以有人會質疑我是怎麼確定名次的。那是因為滿分一百分的考試，教授說這次第一名是九十五分，而我手上拿到的考卷上就寫著九十五分，所以才知道的。

也因為我一直名列第一，麻省理工學院的教授們也說：「妳是不是應該來這所學校就讀？」並且還為我寫了推薦信。這些推薦信不是隨隨便便寫的，而是要我先告訴他們有哪些事項一定要寫進推薦信裡，特別為我花了心思寫的。

就像這樣，大家都主動幫助我，而我也寫了好幾封信給入學管理處，表達自己渴望轉入這所學校的意願，信中提到我的數學和科學成績比該校學生更好，校方僅僅因為我是外籍學生就不錄取我，這樣的規定是否合理。雖然不知道校方是受到感動還是被我說服，在我堅持不斷地聯繫之後，麻省理工學院終於打破春季班的慣例，首次允許我

這個外籍學生插班轉入該校，我也終於在二十三歲時成了麻省理工學院的學生。大概是因為情況特殊，轉學許可下來的那天，入學管理處直接打電話通知我：

「丹妮爾，妳還真執著！
錄取了啦！以後別再來找我們，也別寫信來了！」

我還記得，當時我正坐在書桌旁打瞌睡，接到了通知錄取的電話，一時迷迷糊糊地也不曉得要高興就掛斷了電話。等我終於回過神來，卻分不清剛才到底是夢是真，所以在接到錄取通知書之前，我都只能默不作聲，不敢隨便向人炫耀。

從來沒有一次就合格

我以為自己從此以後就可以一帆風順，沒想到畢業後申請了好幾所大學的研究所全都落榜。我雖然對自己感到

失望，但還是想著至少應該再挑戰一次。畢業後的那一年時間裡，我只能在相熟的教授手下拿著微薄的薪資埋首研究中。幸好這位教授是該領域非常優秀的學者，我得以在行銷方面學到了很多東西，度過了充實的一年。再加上當時我負責的論文研究工作，是從數學的角度分析與藝術相關的專業知識，對我來說似乎沒有比這更適合的工作了。

我收拾起鬱悶的心情，一年後在教授的推薦下再一次提出申請，幸好這次有兩三所學校都錄取了我，我便從中選擇了行銷課程最好的賓州大學華頓商學院就讀。進了華頓商學院之後，我以為我的人生這下真的該一帆風順了吧。沒想到入學之後，才發現那裡的研究所課程和環境都不適合我，而且競爭激烈，整整一年都被嚴重排擠，看盡了別人的白眼。難以忍受之下，我決定一拿到碩士學位就離開。

剛好那時我和相親認識的人過沒多久就結婚了，期待從此以後生活一帆風順。沒想到離婚又讓我再一次經歷了失敗，雖然不是很嚴重。

幾年後我轉往攻讀法學院，一邊念書一邊尋找實習，總共申請了六十多處，但是找我面試的地方屈指可數。就是因為我太常接到未錄取通知，到後來已經不以為意，甚至習以為常了。最後，我很幸運進入了博欽律師事務所，但卻因為律所裡流傳著我與上司有不倫關係才得以空降進來的奇怪傳聞，我才會發憤圖強想證明自己的實力。

　　如果想成為正式的律師，就必須通過加州律師考試（這個考試屬於國家考試，舉辦的目的是為了檢驗志在成為法官、檢察官、律師者的能力）。可惜我在第一次考試失利，只能重新再考。在我任職博欽的時候，公司裡工作滿一年的律師共有六名，除了我和另一人之外，其餘四人都是一考就過。我有好幾個月的時間都得看別人的臉色、無精打采地工作。不管我把事情處理得多好，卻還是能感覺到那種隱隱輕蔑的眼光。再加上原有的自卑心理，我變得越來越沒自信，每天都很痛苦。

　　第二次準備律師考試的過程更加艱難。上大學的時候腦筋靈活，不管什麼學科，看一兩次就能全部記住，理解

力也很強。但現在看十次、二十次也記不下來，有種獨自拍攝電影《記憶拼圖》的感覺。這不是在說笑話，我覺得自己就算像電影裡的主角一樣把該記住的內容紋滿全身，也同樣記不住。晚上下班回家之後，我還是會繼續用功，週末也每天讀書十二個小時以上，真的是快鬱悶死了。擔心自己會瘋掉，於是出去和朋友見面，卻又因為心中惴惴不安，一刻也無法放鬆下來。

經過了幾個月的孤軍奮鬥，卻在考試當天發生了意想不到的問題。我的計時器設定錯誤，算錯剩餘時間，考試考到一半陷入我有生以來最糟糕的恐慌狀態，這在Chapter 3會有更詳細的敘述。

我什麼都想不起來，如石膏像一樣僵在考場，就這樣白白浪費了整整三十分鐘的寶貴時間。我每天辛辛苦苦準備考試，卻在這一刻前功盡棄。看情況再繼續考下去也沒什麼希望，我真想推開椅子站起來回家。但我忍了又忍，反覆在心裡告訴自己，絕不能放棄。

「無論如何要有個結果出來，
不要成為怕輸就放棄的無恥之人。」

考完試回家，我在房間裡嚎啕大哭了足足有三個小時，沒有比這更令人傷心的事情了。就這樣連續哭了幾個小時，稍微平靜下來後，我決定開始準備明天的考試。幸好，第二天考試沒有出現像昨天那樣的意外與恐慌，順利考完了。但因為前一天的致命性失誤，合格的可能性顯然很低，所以等待結果出來的時間簡直像身處地獄一般。終於，決定勝負的時刻到來，我的精神已經衰弱到在考慮要不要先喝酒壯膽再來確認的地步，不過我還是神智清醒地確認了結果。

我合格了！我做到了！我為自己感到驕傲。雖然知道自己考砸了，但並沒有中途放棄，還是一鼓作氣地完成考試，我覺得這樣的自己很了不起。在別人全都嘲笑我，說我做不到的時候，我也沒有放棄這條艱難險途，我對這樣的自己感到很滿意。

我沒學過如何放棄

我的法學院前輩兼導師薩爾・托瑞斯經常對我說：

「丹妮爾，做人最重要的就是『恆毅力』（Grit）。
有恆毅力的人，不管做什麼、去哪裡都會成功。
沒有恆毅力的人，最後一定會失敗。
我希望妳能成為一個有恆毅力的人。」

「恆毅力」是美國心理學家安琪拉・達克沃斯教授所造的概念化用語，也是我的導師最重視的精神。這個專有名詞是取自以下四個單詞的首字母組合而成的。

Growth　成長

Resilience　恢復力

Intrinsic Motivation　內在動機

Tenacity　韌性

達克沃斯教授認為，只憑著熱情恣意妄為是無法取得成就的。熱情必須建立在毅力、鬥志和勇氣之上，即使失敗後一時心灰意冷，也要有能東山再起的恢復力和韌性。而最後，要學會集中精神在一件事情上，投入長期、持續幾年時間的努力。

　　我的導師也曾坦白告訴我，他在剛進法學院的時候，平均成績只有C，但他憑著絕不放棄的韌性，堅持不懈地努力之後，終於得以進入一家不錯的律師事務所任職。他鼓勵我：「妳也做得到！」這句話如果由別人說出或許是陳腔濫調，但出自有類似經歷的前輩之口，就深深烙印在我心裡。

　　世界不時在變化，速度快得令人目不暇給，總有許多人走在我前面，所以我常覺得自己落後他人。但越是遇上這樣的情況，我就越不能輕易放棄，要努力成為擁有「恆毅力」的人，堅定地一步步向前走。不管周圍的人說什麼，我都要走自己的路，唯有如此，才能更接近我所想要的生活。

我的本錢
就是學習

　　眾所周知，英文單字「Study」的語源來自於拉丁文「Studere」，帶有「對某事窮究、努力、獻身和培育」的意思。那麼，換成漢字的話呢？是工匠的「工」字和丈夫（男子漢）的「夫」字組合而成的「工夫」一詞，也就是「努力成為男子漢」之意。

　　只看這個單字的語源，似乎離我們一般所認為的「學習」有點距離。或許因為如此，我們才會對「學習」到底學什麼、為什麼要學，賦予了「非凡的理由」。但是，以考試合格為目標，或以進入好學校為目的的學習又有點不同。這種學習並不需要具備任何非凡的理由，只管無條件

074　　　　　　　　　　　　　　　　　十分鐘熱度學習法

放手學就是了。

　　有時身邊會有朋友自信地說：「我覺得學習在我人生中並不重要！」如果他們的夢想確實不需要透過學習就能實現，或自己本身就具有出眾的才華，那麼我完全同意他們的想法。因為我自己也認為，以特定考試和入學為目的的學習是「沒有特殊才華的人才做的事情」。然而，一個對自己喜歡什麼、想靠什麼謀生、有哪方面才華都不知道的學生，如果敢說學習不重要，那麼我會覺得這是件很悲哀的事。

　　即使不想承認，但我們的確生活在一個只要成績好就能不被輕視、獲得高度評價、擁有高收入工作的世界。就算出身貧寒，只要學習成績優異，能考上首爾大學的話，將來就有很大的機率找到一份體面的工作，周圍人的眼光自然也會由憐憫轉為羨慕。當然，如果只想靠學歷來改變社會眼光的話，從另一方面來看也頗令人感到惋惜，我個人也不認為這樣的社會是一個健康的社會。

　　然而，現實畢竟如此，不管喜歡或不喜歡，生活在一

個重視學歷的社會，你就算一個人獨自高聲吶喊著學習不重要，也不會有任何人聽進去的。

　　我曾經參加過一場商務會議，在不清楚我的學歷和職場的情況下，和我交談的人都只看外表，似乎把我當成了一個學歷不太好、職場也不怎樣的人。雖然沒有當面貶低我，但言談之間隱約流露出瞧不起的語氣。

　　「妳可能不知道，

　　常春藤聯盟研究所畢業的人之間，

　　有一種類似夥伴的情誼。

　　所以我們之間有某種共通之處！」

　　看起來他們大概都是出身於常春藤聯盟的研究所吧，不過我並沒有刻意透露我也是常春藤聯盟研究所畢業的。我不喜歡夾雜在一群拿學歷耀武揚威的人之間，炫耀似地說一堆廢話。當然，我之所以敢這麼說，當然是因為我也是名校畢業的人。如果我的成績不好，畢業於一般普通大

學的話，聽到他們的對話，自尊心不知道會受到多大的傷害，只能拿「這些人年紀大了，沒什麼可說的就拿學歷出來炫耀」當成藉口來安慰自己。

就在我們言不由衷地交談之際，我的同事突然出現並加入了對話，還冒出一句：「你們怎麼回事？丹妮爾也是常春藤聯盟研究所畢業的呀！」他們之中一個人驚訝地問：「是嗎？那你和丹妮爾是怎麼認識的？」同事回答：「我們在同一間公司工作，你不知道嗎？」他們嚇了一跳，反問之前為什麼沒說。於是在接下來的對話裡，再也沒有出現無謂的學歷炫耀了。

在我的社交生活中，有很多人都像這樣，只是稍微學有所成就自以為了不起，也有很多人因為對方學歷不凡就「突然」給予肯定。這種情況不只發生在韓國，在美國也同樣嚴重。雖然會因為職業類型的不同而有所差別，但至少在我所隸屬的律師界裡，是非常在意學歷的。這真是令人感到十分惋惜的現象，但現實如此，又能如何？

提供一個舒適的未來

先不管世上有多重視學歷，我們必須學習的另一個理由，就是比起其他如藝術、體育等職業，學習能更快、更輕易地獲得成功。

想想看，這世上只有一個金妍兒（聞名於世、獲獎無數的韓國花式滑冰選手，現已退役）和一個孫興慜（韓國國家足球隊主力球員，現效力於英超球隊熱刺），但卻有數不盡的律師和醫師。不可否認，說不定成為律師或醫師之類帶有「師」字職業的可能性，會比成為知名網紅或偶像的機率來得高。而且，無數職業帶有「師」字的人，在社會上不僅身分受到肯定，還能擁有相對高的收入。

如果你在某個領域有卓越的天賦，或者擁有想全心挑戰的領域，那麼與其勉強學習，不如選擇另一條路，這我可以認同。然而，如果一直都無法確定自己到底該走哪條路的話，那麼我覺得還是應該下定決心「加緊學習」。好好用功考上好大學，畢業之後就可以找到一份好工作，即

使未來再選擇其他的路，也不會留下遺憾。因為就算後來選擇的另一條路走不通了，至少還有個可以安全返回的地方。因此，當你對未來感到迷惘的時候，學習是提高人生「投資報酬率」最有效的方法。

如果有人問我，什麼動機最能刺激學習，我想答案就是：「一個舒適的未來，以及這個未來所能提供的各種選擇。」

一百次不行
就一百零一次

　　就算是認真學習的人，也一定會碰上成績波動的時期。

　　當一個人陷入學習倦怠，心中浮現「我為什麼要做這種事情」、「到底要學到什麼時候」之類的想法時，成績就會開始波動。這個時期會覺得除了學習以外，別的事情都很有趣，就算只是聽到窗外風聲響起，也會忍不住轉過頭去看看外面是不是有什麼好玩的事情。而且因為注意力不集中，明明告訴自己稍微整理一下書桌就開始用功，但東摸摸西摸摸轉眼一兩個小時就過去。

　　我必須承認，我也是經常會碰上這種情況的人之一。我認為自己是「怪咖中的正常人」，但按照相同的邏輯，我也

是「學霸中的學渣」。可能就是因為如此，我的成績總是忽好乎壞，後來為了在學期剩餘的時間拉高成績，其他的閒事都不能做，只能埋頭在書桌前看書。

每次成績掉下去，我頭一個想法就是：「這下不能做別的事情了！」如果從一開始就上緊發條始終如一地保持好成績的話，雖然有點辛苦，但在某種程度上就可以一邊用功，一邊適度休息。然而稍微放鬆一下「精神發條」，未來的幾個月時間很可能就得「手不釋卷」。

但我從來沒有因為某科成績往下掉就放棄這個學科或不再用心學習。成績會掉下去代表我太放鬆了，沒有全力以赴，但不等於我的人生就此完蛋。面對這種緊急狀況，我雖然會感到驚慌，但如果把它當作遊戲，想成是不得不破的「通關任務」，必須一路過關斬將，創造戲劇性結局的話，我又會變得精神抖擻，覺得自己就像電影裡的主角一樣，反而給了我一種動力。

在玩電子遊戲時，當主線故事開始的時候，主角總是處於危險之中，不是情人被綁架到哪個地方去，就是必須找到

消滅病毒的疫苗回來，不然世界就會毀滅。當我站在世界毀滅與否的歧路上，一個真正有趣的故事就此展開，人們在現實生活中做不到的神聖偉大任務，卻能在遊戲裡一一完成。

把學習也想成這樣就好。無論是一份作業、一份報告或一回考試，都是我們在「人生」遊戲裡的一個通關任務。在遊戲裡，不會因為部分通關任務拿到低分就宣告「Game Over」。就算分數掉了、名次下降，遊戲本身的意義也不會因此消失。因為遊戲可以重來，這次的排名低就低，先接受現實，下次再繼續挑戰就好。我們的目標，甚或我們的人生也是一樣，不會因為一次考試考砸了，或是名次暫時下降，人生就宣告結束。

俗話說：「沒喊卡之前都不算結束。」我把這句話稍微改了一下：「我沒喊卡之前都不算結束。」管他什麼考試分數、成績排名，在我同意結束之前，都不算結束。考試考砸了一次算什麼？名次掉了一次有什麼大不了？沒關係的！當歲月流逝，年紀大了回想起從前，沒有人還會記得自己高三第二學期英文考試考了幾分，就算是我這個當事人也一樣。不要

忘了，自己才是人生的主角，所以不要放棄，好好努力堅持到最後一刻。

回顧過去，我唯一毫無遺憾的事情就是學習。我對自己從小學至今無怨無悔地堅持學習感到自豪。努力學習所帶來的滿足感，與拿到第一名所生出的自豪感，在本質上是不一樣的。當然，成績有時會下降，也不是一直都很好，但我已經盡了最大的努力，我為這樣的自己感到驕傲。

事實上，我並不如世人所想像的那樣，總是拿到第一名。在我就讀韓國藝園國中時，成績只比班級平均成績稍微高一點而已（那時正值要出國留學，稍微膨風了一點），留學以後也不是總拿第一名。進了大學後，雖然在數學和科學學科上拿了第一，但轉學到麻省理工學院以後，拿不到第一的次數更多，甚至在某些學科上還拿過倒數第一。但我一直以第一名為目標，因為我知道，只有如此拚盡全力，才能稍微摸到目標的邊緣。

千萬不要成為一個愚蠢的人，認為自己考不好就不去努力，到頭來拿「算了，我如果有用功分數一定比較高，沒用

功當然成績不怎樣」當藉口，來合理化自己的行為。努力後的失敗，總好過沒努力的失敗。盡力而為後失敗的人，至少在努力的過程中堅持下來，是戰勝了自己的人。

人都是一樣的，明知做不到的事情，還沒嘗試就不想做，真要去做又猶豫不決。然而，真正努力學習過的人，都是明知不可為而為之，明知無法如願也不會灰心喪志，反而會為東山再起早做準備。

你希望未來成了老爺爺、老奶奶，在回首過往的時候，把自己歸類為「不管成不成都盡力而為了」的人，還是「凡事找藉口如今一事無成」的人，都由此刻的自己決定。

所以，千萬不要放棄，一定要努力再努力！

NOTE：

CHAPTER 2

中場

合格的學習技巧

碰上障礙不一定非得停下來，

面對一堵牆，不要轉身放棄。

想想怎麼爬過牆、穿過牆，

或繞道而行的方法。

——麥可·喬丹（Michael Jordan）

就算是三分鐘熱度，
做一百次就成了三百分鐘

99

學習計畫失敗的原因只有一個，那就是沒有正確分析自己的能力，定出超量的目標。

沒有什麼比「盲目制定計畫卻做不到」更愚蠢的了，不僅無法達成目標，還得承受原本無需經歷的失望感。考試本身就已經很沉重也很困難，沒必要因為不能確實執行既定作息而不斷嘗到挫敗的滋味。還不如制定一個比預想學習量少一些的計畫，切實做到之後，再稍微多學習一點當成獎勵，嘉許一下自己，這樣對心理健康更好。

然而，每個人在第一次制定計畫時都會有些躁進。不是因為愚蠢，而是被想實現夢想的渴望所驅使，對未來充

滿了希望。然而，千萬別忘了，離夢想越近，道路就越令人膩煩，也更艱險痛苦。

　　我也曾經做過一個瘋狂的計畫——每天觀看線上課程六、七個小時，整理完筆記之後，再做五十道選擇題。這種計畫當然有人做得到，從小學開始就養成久坐學習習慣的人就能做到。但在我進法學院之前，有大約七年的時間是採取「讀一讀休息一下、休息一下繼續讀」的學習方式，所以對我來說，這根本是一件不可能完成的任務。而且，不管是整理筆記還是做練習題，我都非常認真，會比一般人投入更多的時間，因此根本不可能達成。

　　在制定了這麼一個不合理的計畫之後，我一起床就想到要上好幾個小時的線上課程，這一天還沒正式開始，就已經忍不住嘆一口氣，覺得自己快累死了。甚至在上課的時候，我的注意力也很不集中，時常會發現自己不知不覺地發愣。最近韓國出現一個流行語「火愣」（因露營風潮出現的新名詞，看著營火發愣的意思），而我則是「網愣」，看著網路線上課程發愣。而且，我不僅發愣，有時

還睡著了。我甚至不記得自己是什麼時候睡著的，所以大半課程都得重上一次，結果反而得花兩倍的時間。課程勉強上完了，內容我也完全不記得，沒辦法整理筆記。這樣胡亂學習下，我還是拚命想完成既定計畫，結果睡眠時間嚴重不足，每天都感到很疲倦，眼睛下面的黑眼圈都擴大到下巴去了。

最後，我不得不全面修改計畫。首先，我把每天線上課程的聽講量砍了一半，只上三、四個小時的課程，一開始以兩倍速播放，結果畫面飛速而過沒辦法看，只好調整為一點五倍速，一面聽課一面抄寫筆記。每天線上課程量減半之後，壓力隨之減輕，之前每次早上起床都會出現的壓迫感，也跟著減半。

這樣執行了大約一個月，習慣了既定作息後，才慢慢增加學習量，後來我一天甚至可以學習十二個小時。雖然辛苦，但長期下來，學習量也逐步增加。這都歸功於沒有將計畫安排得太滿，辛苦到讓我想放棄的程度，所以才能養成按照計畫學習的習慣。

一個在國小、國中階段都無法在書桌前坐上一個小時的學生，突然在高三開始想整天用功，自然會感到力不從心。因此在制定計畫時，首先就要盡可能客觀掌握和考慮自己的能力。其次，逐步增加學習量也很重要。這是一種藉由多次小成功的經驗來培養自信的方法。例如，在制定最初步的計畫時，一定要按照自己的能力一天只做五頁習題。如果每天都能按照這個學習量執行下去，就算量再少，也會產生完成目標的自信感和滿足感。姑且不論學習量多寡，每天能堅持按照既定計畫進行，就是一件很了不起的事情。一旦有了自信，一個月後就可以增加學習量。

　　如此一來，自然而然就會產生「原來我也做得到，我也能按照計畫學習，照這樣下去，考前做好準備，考試一定會有好成績」的想法，心態也會變得更積極。不僅能鼓勵自己，讓自己不再鬆懈，還能燃起熊熊的鬥志，讓你第二天起床之後更努力學習。

十分鐘熱度學習法

考前六個月的
三階段計畫

"

　　學習時制定一個好計畫是很重要的,有了好計畫,每天只要專心完成該做的事情就可以了。

　　考試日期決定以後,我通常會制定一個三階段計畫。如果考試在六個月之後舉行,就把時間分為三等分,訂出三份計畫表,分為第一階段(三個月的分量)、第二階段(兩個月的分量)和第三階段(一個月的分量)。

第一階段計畫(三個月):所有學科通讀一次

　　第一階段的計畫是通讀,如果正在觀看線上課程的話,不管是十科還是二十科,最重要的是先把課程從頭到

尾再通讀一次。

　　這時，可以按照自己方便，把課程進速設定為兩倍速或一點五倍速。聽講結束後，除了要複習之外，還要整理重點筆記（詳細內容請參考Chapter 1〈每個學習小組都藏著一個惡棍〉），並做幾題考試時可能會出現的重要題目，大概就是十道選擇題或一兩道問答題、填充題。

　　一直專注在同一學科難免覺得無聊，每天可以挑選一科喜歡的、一科討厭的和一科不喜歡也不討厭的，總共三個學科來學習。按照這樣的方式，一天的學習時間少則九個小時，多則十二個小時。這麼一來，每一科的學習時間就有三、四個小時，再以2：1：0.5的比例把時間平均分配在觀看線上課程、複習和整理重點筆記、做題目上。這個階段不會大量做題目，而是將目標訂在把所有學科從頭到尾通讀一次。這階段的基本學習可能會很枯燥乏味，讓人昏昏欲睡，不過一旦征服，就會成為勝利的關鍵。

第二階段計畫（兩個月）：集中學習討厭的學科＋喜歡的學科

所有學科全部通讀完畢之後，第二階段就可以進入複習、整理和檢討筆記，以及做稍微多一些題目和整理錯題筆記。

在規畫第二階段時，所有學科不需要一視同仁，最好把多一點時間投入在自己討厭或「覺得很難」的學科上。從後面的計畫範例圖表「第二階段計畫」可以看到，學科1、2是平常覺得很難所以討厭的學科，學科3、4則是覺得相對簡單的學科。把平時相對簡單的學科安排在週末學習會比較安心，所以會以學科3、4來結束一週。

這個階段最重要的是，要仔仔細細地做題，還要精讀並理解該題的解析。在對照解析時，不要只注意答錯的題目，答對的題目也要再看一次，一定要確認答對的理由是否和解析內容一致。看完問題解析之後，把答錯的題目整理在另外製作的錯題筆記裡。以我個人來說，為了方便並不使用筆記本，而是用電腦裡的 Word 程式來編輯內容。

不管使用筆記本還是電腦都沒關係，方便就好。

第三階段計畫（一個月）：瘋狂地複習再複習

在最後的第三階段，就必須讓自己變成「轟炸機」般強迫學習。在這個階段，與其採取通讀所有學科的方式，不如將重點放在複習以前不懂的地方或是答錯的題目，盡量努力將學習完全化為己有。

第二階段稍微疏忽了的重點筆記內容，在這個階段也要一再複習，讀了之後好好記住。人都是健忘的，稍微不注意就會把剛才記住的東西全忘得一乾二淨。但如果把容易忘記的東西以五倍、十倍的數量強迫塞進腦子裡，記住的量一定會比忘記的量更多。因此，無條件先做到「轟炸式」學習再說。只要能記住重點筆記內容和不斷做題，不知不覺間你就會發現自己成了「學習機器」。

絕對不要有「做了這麼多的努力，該夠了吧」的想法，而是要一直努力到能自然而然脫口說出「我不後悔自己這麼瘋狂努力」這句話為止。

三階段計畫表

完成後打勾

· 第一階段計畫

1DAY		2DAY	
學科 1	☐ 觀看線上課程 ☐ 複習及整理重點筆記 ☐ 做題（選擇題 10 題，問答題 1~2 題）	學科 4	☐ 觀看線上課程 ☐ 複習及整理重點筆記 ☐ 做題
學科 2	☐ 觀看線上課程 ☐ 複習及整理重點筆記 ☐ 做題	學科 5	☐ 觀看線上課程 ☐ 複習及整理重點筆記 ☐ 做題
學科 3	☐ 觀看線上課程 ☐ 複習及整理重點筆記 ☐ 做題	學科 6	☐ 觀看線上課程 ☐ 複習及整理重點筆記 ☐ 做題

· 第二階段計畫

1DAY		2DAY		3DAY
學科 1	□ 整理和閱讀重點筆記（從頭到尾通讀） □ 做題（選擇題 50 題，問答題 2 題） □ 看解析 □ 答錯的題目集中整理在錯題筆記裡	學科 1	□ 選擇題 100 題 □ 看解析 □ 整理錯題筆記	學科 3	□ 整理及閱讀重點筆記 □ 做題 □ 看解析 □ 整理錯題筆記
		學科 2	□ 選擇題 100 題 □ 看解析 □ 整理錯題筆記	學科 4	□ 整理及閱讀重點筆記 □ 做題 □ 看解析 □ 整理錯題筆記

討厭的學科
要投入更多的時間

十分鐘熱度學習法

一定程度的學習之後
就開始計時做題

4DAY	5DAY	6DAY（週末）
學科3 ☐ 選擇題 100 題 ☐ 看解析 ☐ 整理錯題筆記		
	學科1 ☐ 計時做題： 選擇題 150 題 ☐ 看解析 ☐ 整理錯題筆記	學科2 ☐ 計時做題： 選擇題 150 題 ☐ 看解析 ☐ 整理錯題筆記
學科4 ☐ 選擇題 100 題 ☐ 看解析 ☐ 整理錯題筆記		

7DAY（週末）

以喜歡的學科結束
一週的最後一天！

學科3 ☐ 計時做題：選擇題 50 題 ☐ 看解析 ☐ 整理錯題筆記	學科4 ☐ 計時做題：選擇題 50 題 ☐ 看解析 ☐ 整理錯題筆記

· 第三階段計畫

1DAY		2DAY	
學科 1	☐ 閱讀重點筆記 ☐ 選擇題 50 題 ☐ 看解析 ☐ 整理錯題筆記	學科 3	☐ 閱讀重點筆記 ☐ 選擇題 50 題 ☐ 看解析 ☐ 整理錯題筆記
學科 2	☐ 閱讀重點筆記 ☐ 選擇題 50 題 ☐ 看解析 ☐ 整理錯題筆記	學科 4	☐ 閱讀重點筆記 ☐ 選擇題 50 題 ☐ 看解析 ☐ 整理錯題筆記

3DAY		4DAY	
學科 1	☐ 閱讀重點筆記並背下來 ☐ 閱讀錯題筆記並背下來	學科 1	☐ 選擇題計時做題 ☐ 看解析 ☐ 整理錯題筆記
學科 2	☐ 閱讀重點筆記並背下來 ☐ 閱讀錯題筆記並背下來	學科 2	☐ 選擇題計時做題 ☐ 看解析 ☐ 整理錯題筆記

十分鐘熱度學習法

挑重點
就能讀懂全文

‎ ‎ ‎ "

我喜歡預習和複習。預習和複習聽起來好像很厲害，感覺壓力很大，其實只是簡單地讀兩三遍而已。

通常，我喜歡在上課前一天晚上預習明天要學習的內容；上完課回家，當天晚上再複習同樣的內容。已經讀過一次的東西再讀一次的話，就能毫不費力地自動記住其中的大半部分。

透過不斷預習和複習，讓我開始琢磨什麼才是最有效的學習法。怎樣才能快速閱讀文章，又能正確理解？以下是我至今嘗試過的一些有效方法。

從頭到尾瀏覽一次

或許有人會覺得在認真閱讀前，先從頭到尾瀏覽一次再回頭來看文章，會不會反而妨礙答題速度？其實完全不會！快速瀏覽時反倒會對後面要閱讀的內容產生好奇心，並且還能避免因為對意想不到的主題或內容感到困惑，減緩閱讀速度。

默念不是閱讀

默念真的是我們在閱讀時最應該避免的方式。只在心中默念，既無法加快閱讀速度，也無法正確掌握內容。如果已經習慣了默念，也最好一發現心中默念就趕緊停下來。我在閱讀時會一邊聽著舒緩的吉他音樂或嚼口香糖，這對我來說是十分有效的方法。

蓋上紙再讀一遍

當感到無法專心閱讀或速度慢下來的時候，我會用筆記本或其他紙張蓋住已經讀過的部分，再逐行讀下來。

因為注意力只集中在眼前看得到的部分，讀起來就輕鬆多了。而且習慣了這樣的方式之後，用紙遮住句子的速度會越來越快，也可以藉此有意識地控制閱讀速度。

務必要看文章的第一句和最後一句

只要是人都免不了拖延。拖個一天、兩天，就會發現一次得閱讀的文章數量大增。這種情況下，很容易會被難以承擔的數量嚇到而放棄。但其實只要讀一讀文章的第一句和最後一句，再怎麼長的文章也能輕鬆快速地閱讀，所以千萬不要放棄。

以下就以托福考試閱讀測驗題目為例說明，因為是英語試題，不用勉強閱讀，大致看一下就行，只參考後面的譯文也可以。

例文

The Rise of Teotihuacán

The city of Teotihuacán, which lay about 50 kilometers northeast of modern-day Mexico City, began its growth by 200-100 B.C. At its height, between about A.D. 150 and 700, it probably had a population of more than 125,000 people and covered at least 20 square kilometers. It had over 2,000 apartment complexes, a great market, a large number of industrial workshops, an administrative center, a number of massive religious edifices, and a regular grid pattern of streets and buildings. Clearly, much planning and central control were involved in the expansion and ordering of this great metropolis. Moreover, the city had economic and perhaps religious contacts with most parts of Mesoamerica(modern Central America and Mexico).

How did this tremendous development take place, and why did it happen in the Teotihuacán Valley? Among the main factors are Teotihuacán's geographic location on a natural trade route to the south and east of the Valley of Mexico, the obsidian resources in the Teotihuacán Valley itself, and the Valley's potential for extensive irrigation. The exact role of other factors is much more difficult to pinpoint –for instance, Teotihuacán's religious significance as a shrine, the historical situation in and around the Valley of Mexico toward the end of the first millennium B.C., the ingenuity and foresightedness of Teotihuacán elite, and, finally, the impact of natural disasters, such as the volcanic eruptions of the late first millennium B.C.

This last factor is at least circumstantially implicated in Teotihuacán's rise. Prior to 200 B.C., a number of relatively small centers coexisted in and near the Valley of Mexico. Around this time, the largest of these centers, Cuicuilco, was seriously affected by a volcanic eruption, with much of its agricultural land covered by lava. With Cuicuilco eliminated as a potential rival, any one of a number of relatively mo dest towns might have emerged as a leading economic and political power in Central Mexico. The archaeological evidence clearly indicates, though, that Teotihuacán was the center that did arise as the predominant force in the area by the first century A.D.

It seems likely that Teotihuacán's natural resources–along with the city elite's ability to recognize their potential - gave the city a competitive edge over its neighbors. The valley, like many other places in Mexican and Guatemalan highlands, was rich in obsidian. The hard volcanic stone was a resource that had been in great demand for many years, at least since the rise of the Olmecs (a people who flourished between 1200 and 400 B.C.), and it apparently had a secure market, Moreover, recent research on obsidian tools found at Olmec sites has shown that

十分鐘熱度學習法

some of the obsidian obtained by the Olmecs originated near Teotihuacán. Teotihuacán obsidian must have been recognized as a valuable commodity for many centuries before the great city arose.

Long-distance trade in obsidian probably gave the elite residents of Teotihuacán access to a wide variety of exotic goods, as well as a relatively prosperous life. Such success may have attracted immigrants to Teotihuacán, In addition, Teotihuacán's elite may have consciously attempted to attract new inhabitants. It is also probable that as early as 200 B.C. Teotihuacán may have achieved some religious significance and its shrine (or shrines) may have served as an additional population

Magnet. Finally, the growing population was probably fed by increasing the number and size of irrigated fields.

The picture of Teotihuacán that emerges is a classic picture of positive feedback among obsidian mining and working, trade, population growth, irrigation, and religious tourism. The thriving obsidian operation, for example, would necessitate additional manufacturers of obsidian tools, and additional traders to carry the goods to new markets. All this led to increased wealth, which in turn would attract more immigrants to Teotihuacán. The growing power of the elite, who controlled the economy, would give them the means to physically coerce people to move to Teotihuacán and serve as additions to the labor force. More irrigation works would have to be built to feed the growing population, and this resulted in more power and wealth for the elite.[注1]

文章好長，一看壓力就好大。那麼只看各段落的第一句和最後一句如何？只看有底色的部分就好。

The city of Teotihuacán, which lay about 50 kilometers northeast of modern-day Mexico City, began its growth by 200-100 B.C. At its height, between about A.D. 150 and 700, it probably had a population of more than 125,000 people and covered at least 20 square kilometers. It had over 2,000 apartment complexes, a great market, a large number of industrial workshops, an administrative center, a number of massive religious edifices, and a regular grid pattern of streets and buildings. Clearly, much planning and central control were involved in the expansion and ordering of this great metropolis. Moreover, the city had economic and perhaps religious contacts with most parts of Mesoamerica(modern Central America and Mexico).

How did this tremendous development take place, and why did it happen in the Teotihuacán Valley? Among the main factors are Teotihuacán's geographic location on a natural trade route to the south and east of the Valley of Mexico, the obsidian resources in the Teotihuacán Valley itself, and the Valley's potential for extensive irrigation. The exact role of other factors is much more difficult to pinpoint –for instance, Teotihuacán's religious significance as a shrine, the historical situation in and around the Valley of Mexico toward the end of the first millennium B.C., the ingenuity and foresightedness of Teotihuacán elite, and, finally, the impact of natural disasters, such as the volcanic eruptions of the late first millennium B.C.

This last factor is at least circumstantially implicated in Teotihuacán's rise. Prior to 200 B.C., a number of relatively small centers coexisted in and near the Valley of Mexico. Around this time, the largest of these centers, Cuicuilco, was seriously affected by a volcanic eruption, with much of its agricultural land covered by lava. With Cuicuilco eliminated as a potential rival, any one of a number of relatively mo dest towns might have emerged as a leading economic and political power in Central Mexico. The archaeological evidence clearly indicates, though, that Teotihuacán was the center that did arise as the predominant force in the area by the first century A.D.

It seems likely that Teotihuacán's natural resources–along with the city elite's ability to recognize their potential - gave the city a competitive edge over its neighbors. The valley, like many other places in Mexican and Guatemalan highlands, was rich in obsidian. The hard volcanic stone was a resource that had been in great demand for many years, at least since the rise of the Olmecs (a people who flourished between 1200 and 400 B.C.), and it apparently had a secure market, Moreover, recent research on obsidian tools found at Olmec sites has shown that some of the obsidian obtained by the Olmecs originated near Teotihuacán. Teotihuacán obsidian must have been recognized as a valuable commodity for many centuries before the great city arose.

Long-distance trade in obsidian probably gave the elite residents of Teotihuacán access to a wide variety of exotic goods, as well as a relatively prosperous life. Such success may have attracted immigrants to Teotihuacán, In addition, Teotihuacán's elite may have consciously attempted to attract new inhabitants. It is also probable that as early as 200 B.C. Teotihuacán may have achieved some religious significance and its shrine (or shrines) may have served as an additional population magnet. Finally, the growing population was probably fed by increasing the number and size of irrigated fields.

The picture of Teotihuacán that emerges is a classic picture of positive feedback among obsidian mining and working, trade, population growth, irrigation, and religious tourism. The thriving obsidian operation, for example, would necessitate additional manufacturers of obsidian tools, and additional traders to carry the goods to new markets. All this led to increased wealth, which in turn would attract more immigrants to Teotihuacán. The growing power of the elite, who controlled the economy, would give them the means to physically coerce people to move to Teotihuacán and serve as additions to the labor force. More irrigation works would have to be built to feed the growing population, and this resulted in more power and wealth for the elite.

時間不多，也沒必要看所有段落，所以只看第一段和最後一段的首尾各一句。為了方便起見，我附上譯文，只看這部分譯文也可以。

第一段

(1) The city of Teotihuacan, which lay about 50 kilometers northeast of modern-day Mexico City, began its growth by 200-100 B.C. At its height, between about A.D. 150 and 700, it probably had a population of more than 125,000 people and covered at least 20 square kilometers. It had over 2,000 apartment complexes, a great market, a large number of industrial workshops, an administrative center, a number of massive religious edifices, and a regular grid pattern of streets and buildings. Clearly, much planning and central control were involved in the expansion and ordering of this great metropolis. (2) Moreover, the city had economic and perhaps religious contacts with most parts of Mesoamerica(modern Central America and Mexico).

(1) 位於墨西哥城東北約五十公里處的特奧蒂瓦坎市，於西元前二百年到一百年開始發展。約西元一五〇年

到七〇〇年之間，這座城市達到鼎盛時期，人口可能超過十二萬五千人，面積至少有二十平方公里。這裡有二千多個集合式住宅區、一個龐大的市場、大量的工業作坊、一個行政中心、一些大型宗教建築，以及規畫完善的井字型街道和建築物。很顯然地，這座大城市的擴張和秩序都涉及大量規畫和中央控制。(2) 此外，這座城市與中美洲（今中美洲和墨西哥）的大部分地區有經濟，可能也有宗教上的交流。

最後一段

(3) The picture of Teotihuacán that emerges is a classic picture of positive feedback among obsidian mining and working, trade, population growth, irrigation, and religious tourism. The thriving obsidian operation, for example, would necessitate additional manufacturers of obsidian tools, and additional traders to carry the goods to new markets. All this led to increased wealth, which in turn would attract more

immigrants to Teotihuacán. (4) The growing power of the elite, who controlled the economy, would give them the means to physically coerce people to move to Teotihuacán and serve as additions to the labor force. More irrigation works would have to be built to feed the growing population, and this resulted in more power and wealth for the elite.

　　(3) 提到特奧蒂瓦坎，首先就會想到黑曜石的開採與勞動力、貿易、人口增長、灌溉、宗教旅遊之間的正向反饋（因為特定現象或反應產生了產品，而產品又使得該現象或反應有更上一層的發展）。例如，蓬勃發展的黑曜石開採需要更多礦工、更多黑曜石工具的製造商，以及更多商人將貨物運送到新的市場去。而這一切導致了財富的增加，又會反過來吸引更多移民湧向特奧蒂瓦坎。隨著主導經濟的精英階層力量不斷壯大，他們採取各種手段迫使人們移居特奧蒂瓦坎以補充勞動力。(4) 為了養活不斷增加的人口，必須修建更多灌溉工程，這又為精英階層帶來更

　　　　　　　　　　　　　　十分鐘熱度學習法

多權力和財富。

　　只看標示出來的四個句子也能理解這篇文章大致上的意思。簡單地說，就是特奧蒂瓦坎透過黑曜石產業成為一個蓬勃發展的城市，但這項產業也為富裕的精英階層帶來更多的財富和權力，因此不一定只有好的一面。

　　即使不看文章的其餘部分，也能猜到裡面包括了特奧蒂瓦坎發展過程，以及有關黑曜石產業的更詳細敘述。

　　像這樣，只看每個段落的第一句和最後一句，如果時間不夠，甚至只看第一段和最後一段的首尾句子，也能輕易推斷出文章的整體內容。所以在預習和複習的時候，不一定要讀完每一個單字，以這種方式來掌握整體輪廓，反而對學習更有幫助。以後無論閱讀什麼教材，都不會再因為大量的內容而感到巨大壓力，只要利用上述方法，就可以快速預習和複習。

討厭硬背
卻想考出好成績

"

　　學習類書籍都會不約而同地強調一點：反覆背誦的重要性。

　　若想將如海市蜃樓般消失的短期記憶轉化為長期記憶，需要反覆學習和組織的過程。那麼，該怎麼做呢？

　　從我的學習經驗來看，死記硬背可說一點效果也沒有。相反地，當我採取同樣的內容「通讀」（從頭到尾全部讀一遍）幾次的方式學習時，效果最佳。不過比起毫無計畫地一讀再讀，每次讀的時候都加入一點「小小的」變化，更能得到驚人的效果。

七遍通讀技巧

第一階段	先讀再說的階段。不懂也無所謂,這個階段的重點要放在「閱讀」,而不是理解。所以,先好好讀一遍再說。
第二階段	像第一階段一樣先好好讀一遍,但中間碰到不懂的地方,就在旁邊空白處打勾。
第三階段	從頭到尾讀一遍,遇到第二階段打勾的地方就讀兩遍。如果出現了新的不懂的地方,同樣在空白處打勾。
第四階段	如果還有不懂之處,就要仔細閱讀,讀慢一點也沒關係。如果內容真的難以理解,最好查找其他資料輔助。查找的資料中若有助於理解的內容,簡單整理後抄在空白處,或寫在便利貼貼上。
第五階段	和第一階段一樣,不要想著理解內文,先往下讀再說。不懂的地方打勾作記號,勾完繼續讀。之前不懂的地方如果還是不懂的話,就多打一個勾以便區分。
第六階段	這個階段可以跳過已經理解的部分,集中在還是不懂的地方慢慢多讀幾次。
第七階段	理解通透的部分跳過去,重點式針對不懂的部分邊思考邊讀,如果還是不懂,就挑出來另外整理在筆記本中。

> 各階段之間可以有一兩天的間隔。

整理在筆記本的時候，加上大標題和小標題雖然重要，但我還會把該內容出自哪本書、哪本教科書或題庫的第幾頁也確實抄下來。因為當我閱讀筆記想對照原本內容時，才能輕易找出來。記住，學習就是和時間賽跑，「現在」的我所有行為都必須為「未來」的我考慮，以最大限度節約時間的方式來整理。

　　採取這種學習法最重要的是，通讀的每個階段之間都必須有「間隔時間」。根據《哈佛商業評論》指出，想在短時間內將短期記憶化為長期記憶的話，就必須採取「間隔學習」（spaced learning）。比起不停歇地用功或背誦，這種學習法必須在中途有意識地停下來休息或做做其他事情，讓「記憶杯子」有清空的機會，這樣反而能更快學會之前死背卻背不下來的資訊。

　　我在通讀時也是這樣，每個階段至少會間隔一到兩天。如果間隔超過一週，內容會忘得越來越多，速度就提不上來，因此建議間隔一到兩天，最多不能超過一週。[注2]

　　運動的時候也一樣，通常都是做完一套之後，休息一

兩分鐘，再重複做，這樣最能促進肌力發達、肌肉生長。學習也是一樣，與其一味集中在學習內容，不如偶爾在適當時間採取具體性、策略性的休息，才能讓大腦掌握更多的學習量。

具有策略性間隔的通讀背誦法，是過去每次背誦學科考試時，對我最有幫助的方法之一。如果沒有這個方法，也就沒有現在的我吧！

先照目錄
抄下來

"

當我們翻開教科書或書籍來學習某個學科或特定領域時，大多數的人會跳過目錄直接閱讀內容。但我卻非常重視開頭的目錄，甚至乾脆全部背下來。

目錄是整本書的內容經過幾十次編輯過程之後歸納出來的結構。因此，從目錄就可以掌握整體布局，稱得上是在最短時間內獲知實質內容的最好方法。

而且，把目錄背下來的話，腦海裡就會自然描繪出類似「設計圖」的結構，可以依照空間配置各種不同的主題家具，所以剩下來要做的事情就是在腦海中為每個設計好的房間放進適當的內容。只有當腦海裡有所謂的「大格

十分鐘熱度學習法

局」（big picture），才能有效掌握訊息。此外，這樣的學習也可以減少因為緊張或身體狀態不佳，導致忘記背誦內容的情況。

因此，在筆記本中整理目錄是學習的開始，也是關鍵。雖然每個人在整理筆記時都有各自的方法，不過我主要還是利用目錄來整理（順帶一提，這也是本書Chapter 1提到製作「重點筆記」時的第一個步驟）。

以下就以《民事訴訟法》教科書目錄的一部分舉例說明。這只是個範例而已，所以不需要在意內容，只要注意筆記整理的方式就好。

範例

基本目錄

第四章：標的物管轄權

A. 概述
B. 聯邦法院的標的物管轄權
  1. 聯邦法院標的物管轄權的憲法和法律層面
    問題 4-1 ～ 4-2
  2. 聯邦問題管轄權

---

* 是指原告成員中至少有一人以上與被告成員至少有一人以上是不同州居民的情況。
** 是指一名原告對一名被告提出數件不同的民事請求訴訟,所有請求金額的合計。

整理筆記時，先瀏覽一次目錄，把範例中像是「問題」這種不需要包含在內的部分先劃掉，然後挑選剩餘的部分抄寫或輸入電腦。

首先，如同下面的例子一樣，將不必要的部分如「問題」和「案例」劃掉（可以直接採取手寫的方式，但我時常修改筆記，為了方便起見，通常採用輸入電腦的方式）。

第 1 階段：刪除不必要的內容

第四章：標的物管轄權

~~A. 概述~~
B. 聯邦法院的標的物管轄權
　1. 聯邦法院標的物管轄權的憲法和法律層面
　　~~問題 4-1 ～ 4-2~~
　2. 聯邦問題管轄權
　　a. 第三條「聯邦法相關問題」管轄權
　　b.「聯邦法相關問題」法律上的管轄權：美國地方法院的聯邦問題管轄權
　　　成立標準
　　　~~摘要和提問~~

問題 4-3 ~ 4-4
聯邦法相關問題成立的基本標準
案例 #1
摘要和提問
問題 4-5 ~ 4-7
合理訴狀原則
案例 #2
摘要和提問
問題 4-8 ~ 4-9
確定判決與合理訴狀原則相關備註
問題 4-10 ~ 4-11
同時及獨占性聯邦管轄權相關備註
　　c. 最高法院和美國上訴法院的法律管轄權
3. 多州間管轄權
　　a. 導言
　　b. 不同州公民之間的訴訟
案例 #3
摘要和提問
問題 4-12
案例 #4
摘要和提問
問題 4-13 ~ 4-15
最低限度允許州籍相異的法令
　　c. 涉外案件
案例 #5
摘要和提問
問題 4-16 ~ 4-17
案例 #6
具有雙重國籍的美國公民相關備註
在美國國內設有主要營業機構的外國企業相關備註
在海外設有主要營業機構的美國企業相關備註

第 1 階段　刪除作業完成後的目錄

具有雙重國籍的美國公民相關備註
在美國國內設有主要營業機構的外國企業相關備註
在海外設有主要營業機構的美國企業相關備註
d. 請求金額
請求合計相關備註
確認請求或禁止命令救濟訴訟的請求金額計算相關備註

　　或許你也已經感覺到，這樣再抄一次，就等於把目錄讀了兩三遍，也在腦海中勾勒出一幅大致的結構。到了這一步，就可以盡量縮減可簡化的內容，以減少空間的浪費。

　　這時最重要的一點是：「我看得懂就好。」大膽簡化太長的單詞或句子也可以，但絕不能精簡到連自己都無法識別的程度。

第 2 階段　縮減可簡化的部分

簡化單詞

第四章：物管（「標的物管轄權」的簡稱，下同）

B. 聯法（「聯邦法院」的簡稱，下同）的物管
　1. 聯法物管的憲法和法律層面
　2. 聯邦問題管轄權
　　a. 第三條「聯邦法相關問題」管轄權
　　b.「聯邦法相關問題」法律管轄權：美國地方法院的聯邦問題管轄權
　　　成立標準
　　　聯邦法相關問題成立的基本標準
　　　合理訴狀原則
　　　確定判決與合理訴狀原則相關備註
　　　同時及獨占性聯邦管轄權相關備註
　　c. 最高法院和美國上訴法院的法律管轄權
　3. 多州間管轄權
　　b. 不同州公民之間的訴訟
　　　最低限度允許州籍相異的法令
　　c. 涉外案件
　　　具有雙重國籍的美國公民相關備註
　　　在美國國內設有主要營業機構的外國企業相關備註
　　　在海外設有主要營業機構的美國企業相關備註
　　d. 請求金額
　　　請求合計相關備註
　　　確認請求或禁止命令救濟訴訟的請求金額計算相關備註

比較第一階段的目錄和第二階段刪減過的目錄，就可

以發現長度減少了一半以上。

那麼就在目錄經過最大限度簡潔的情況下，回頭閱讀書籍內容。接下來，就是在目錄上添加血肉的工作。添加內容的過程中，如果有自己認為可以合而為一的部分就大膽合在一起，看起來不需要或已經學過的內容，同樣可以大膽去掉。順便一提，我覺得太瑣碎的部分也不會放進去。

另外，為了讓內容顯得井然有序，我會在條列時於前方加上編號，或者圓形、正方形等各種符號，也會多次變更編號或符號。這點不必太在意，還是把注意力放在內容上才對。

第 3 階段　最後整理，給目錄添加內容

物管
聯法的物管
1. 聯法擁有一定限度的物管→ 在聯邦問題管轄權或多州間管轄權方面。
2. 聯邦問題管轄權
   a. 第三條「聯邦法相關問題」管轄權：原告的訴狀請求根據聯邦法成立時，聯法可擁有物管。
    • 成立標準：訴訟必須根據法律以郵戳為憑。

- 聯邦法相關問題成立的基本標準
- 是否包括請求？
- 糾紛是否實際發生？
- 是否與聯法有關？
- 是否侵犯以議會權限分派的州法院和聯法之間的管轄權？
- 合理訴狀原則
- 訴狀的內容應包括聯邦問題。僅以預見的抗辯或實際抗辯包含聯邦問題是不夠的。
  - 確定判決
    - ＝在判決前法院有釐清當事者之間的法律關係與權利關係的具拘束力判斷。
  - 同時及獨佔性聯邦管轄權
    - 對於與聯邦法相關案件的大多數類型，聯法和州法院「同時」擁有管轄權（兩系統的法院都可以擁有此類案件的管轄權）。
    - 例外：專利侵權、破產、部分聯邦證券及禁止壟斷的請求等。

3. 多州間管轄權

   聯法對不同州公民之間的訴訟及外國人相關訴訟擁有物管。

   州籍完全相異：不同州公民之間發生的訴訟，或美國公民與外國人之間發生的訴訟。

   a. 不同州公民之間的訴訟
   - 州籍完全相異出現在所有原告和被告都為不同州的公民時，在案件受理之際就會被判定為州籍相異！！！
   - 居住地標準
     - 有持續居住的意向
   - 公司
     - 企業公民權＝法人成立狀態及主要營業機構（以總公司為準）

   b. 外國人
   - 聯法對兩名外國人互相提告案件沒有物管。→若想得到非公民權者管轄權的認可，當事人中必須有一人為美國公民，另一人擁有外國國籍。
   - 居住在海外的美國公民不屬於州籍相異條件涵蓋對象。

   c. 請求金額：請求金額必須高於七萬五千美元。

請求合計
- 原告可以合併計算對單一被告的請求。但是，除了共同權利的請求之外，必須所有被告都符合必要條件，不得合計。

權宜救濟及禁止命令
- 原告若想獲取對被告所下的禁令，且符合以下各項情況之一，則符合請求金額要件。
  - （1）原告的觀點：因無禁止命令，原告財產損失超過七萬五千美元。
  - （2）被告的觀點：根據禁止命令，被告造成的損失超過七萬五千美元。

　　經過刪除、縮減和添加內容三個階段之後，筆記的草稿工作就算完成。如字面上的意思，草稿就只是草稿而已，還不算結束。以後再做模擬考題的時候，會意外發現一些當初自己不覺得重要的部分，可以再加進筆記裡。或是反過來，原本自己覺得很重要才放進去的部分，後來發現其實一點也不重要，這些就可以進行刪除。如此一來，就能完成專為自己製作的重點筆記。筆記整理幾次之後，便會自然而然理解內容，並且發現哪些部分自己已經完全理解、哪些部分還沒真正理解等。

　　如果學習的第一步——筆記整理得很成功的話，可以暫時先鬆一口氣。接下來，就要正式開始了！

別急著
放棄數學

　　如果是數學或物理這類無法單純靠背誦，而是需要理解的學科，就必須採取不同的方法。

　　在正式學習數學、科學之前，最重要的是必須了解為什麼要學習這個學科，以及在現實生活中可以將所學應用在哪裡。如此才能在規畫大格局的同時，還能預測這個問題為什麼有很高的機率會出現在考題中，以及該以什麼方式來解題。

　　如果你學過微積分，應該也曾經質疑過為什麼要學微積分。就算學了微分、積分，在未來似乎派不上用場。然而如果一直抱持著這種想法，最後當然會變得對微積分這

個學科漠不關心。這或許就是為什麼矽谷的優秀軟體工程師中，有不少人大方承認自己對微積分不感興趣。

那麼，到底為什麼要學微積分呢？在回答這個問題之前，首先要思考「微積分是什麼？」眾所皆知，微積分是到十七世紀才由牛頓、萊布尼茲等著名科學家和數學家開始研究的，但據說早在希臘時期就已經使用微積分。由於微積分是一門主要與函數、極限相關的數學常識，因此也以各種不同的方式廣泛應用在現實世界中。使用微積分的研究包括物理學、工程學、經濟學、統計學和醫學，主要用於建立數學模式以獲得最佳解決方案。包括電磁學和愛因斯坦相對論在內的高級物理學概念，也使用微積分。

具體來說，在化學，透過微積分可以預測反應速率和放射性衰變函數；在生物學，可以用來建立公式，計算出生率和死亡率之類的比率；在經濟學，可以用來計算邊際成本和邊際收益。除此之外，微積分的應用領域無窮無盡，其重要性可說絕無僅有。

如前所述，在學習微積分之類的數學學科時，必須採

取和單靠背誦的歷史完全不同的學習方式。因為單純背誦即使不理解，也可以採取通讀方式，但學習微積分時，這麼做就不管用。

數學題只懂一半的情況

當我碰到這種題目時，即使不知道解法，我也會參考教科書或參考書裡的內容，想辦法解決這道題。如果內容不是完全看不懂，只要稍微集中精神就可以研究出正確答案的話，那麼花三十分鐘左右的時間多方嘗試也不錯。先花三十分鐘努力解題之後再看解析，如果自己的解題法和解析上的解題過程有差異的話，最好深入思考差別在哪裡。之所以在一個問題上花費這麼長的時間也在所不惜，是因為這種需要先理解才能解題的學科，即使只理解了「一題」，碰上其他相似類型的題目也能迎刃而解。

看完解析理解了之後，就把解析的內容抄到練習本上。然後在蓋住解析的情況下，把題目再做一遍。做完題

目之後，再和解析比較一次。如果還有不同的地方，就專心讀一讀這部分的內容，最後再修改自己寫的答案。如此一來，就會感覺解題過程已經深深烙印在腦海中。

數學題幾乎看不懂的情況

反之，如果看了題目一點也不明白，甚至不敢嘗試答題的話，那建議你先看解析，一行一行讀下來，試著去理解。等到有了一定程度的把握之後，再把解析內容照搬到練習本上，接下來的學習方式就比照前述的內容進行。不過，因為是在幾乎看不懂題目的情況下查看解析，所以可能得反覆練習兩三遍才能正確解題。

今天做不到，
明天就做得到嗎？

　　每個人都有自己喜歡的學科和討厭的學科，對極端討厭學習的學生來說，有些學科在某種程度上還能忍受，有些學科則討厭到起雞皮疙瘩。

　　但人卻不能僅僅因為討厭就不去做一件事情，所以碰上自己真的非常討厭的學科，要怎麼學習才好呢？我會把所有學科分成喜歡和討厭兩種，先以喜歡的學科開始新的一天，中間穿插學習討厭的學科，最後再回到喜歡的學科來結束這一天。因為一天的開始和結束，我想讓自己稍微放鬆一下。

　　剛從睡夢中醒來就坐在書桌前面，不可能馬上集中精

神。在沉睡的大腦清醒過來重新恢復活力之前，最好愉快地瀏覽一下喜歡的學科，或輕鬆地做做題目。在不給身心太大壓力的情況下，為一天的學習做好準備。

我從小最喜歡數學，所以每天的學習都是從數學開始。只要做幾道題目，我就能感覺心情變好，大腦也清醒過來。通常我會學習數學大約一個小時，然後休息十五分鐘，接著學習我討厭的學科。我從來沒有休息超過三十分鐘以上的時間，因為休息時間越長，想到等一下得開始學習討厭的學科，心理壓力就會越大。

在我國高中時期則是特別討厭歷史，所以當我上大學時，也同樣對美術史一點興趣都沒有。一想到這是一門再怎麼有大局觀，還是得連年分之類的瑣碎細節全都「死記硬背」的學科，我就興趣全失。而且這類背誦科目往往需要花費許多時間，讓我感到更難受。

如果我的早晨是由學習一個小時喜歡的學科作為開始，那麼接下來我就會在討厭的學科上投入稍微多一點的時間。因為無論如何都很難集中精神，老是會分心做別的

事情，所以也得把浪費掉的時間計算進去，差不多是花在我最喜歡學科的兩到三倍時間，那麼乾脆一開始就預留出足夠的時間。

在學習討厭的學科時，我覺得最重要的是「心態」，而非時間分配或制定計畫表。我通常會透過以下四種方法來學習。

超越實力的思維重組

對著討厭的學科一遍又一遍地說「討厭死了」，或是有「我真笨，連這種東西也不懂」的負面想法，對學習一點幫助都沒有。

但是，如果能把負面的想法放進「重組框架」中，就會變得完全不同。例如，不要想著：「這科考試鐵定完蛋！」而是換個想法：「這科考試雖然有可能不及格，但也有可能及格，我現在能做的就是盡力而為！」在絕望中找尋希望是唯獨自己才做得到的事情，而且最重要的是，

這種事每個人都做得到。

將困難視為挑戰

每當我心中出現負面想法時，我就會把那種想法看作是玩遊戲時必須通過的關卡，努力破關。當大腦發出「身體過勞，無法繼續下去」的信號時，我不會照單全收，而是再做一兩道題目，或把筆記再讀一遍，提醒自己我才是「大腦的主人」。

如果你看過《宅男行不行》這部美劇的話，一定還記得主角之一的薛爾登在劇中大喊：「I'm the master of my brain！」（我的大腦我做主）的場景。我看了那一幕之後，每當感到疲累時，就會像薛爾登一樣大喊一聲：「I'm the master of my brain！」然後再多做一道題、多讀一段文章。像這樣，每次突破自己的極限時，就會感覺精神也變得更抖擻。

不知道你有沒有過讀書讀到快死掉的感覺？不用擔

心，絕對死不了！見過玩死的，沒見過讀書讀死的！

大腦也可以藉由努力來改變

我曾經學過神經工程學，教授說過大腦具有神經可塑性。簡單地說，就是具有根據經驗改變的能力。

神經可塑性的先驅者諾曼·多吉博士在《改變是大腦的天性》一書中就說過，在受到特定且反覆的事情刺激下，大腦會做出相應的改變。因此，在注意力分散的情況下，如果能堅持且反覆地練習引導大腦重新集中注意力的話，那麼過後又碰上類似情況時，大腦便能較快速進入集中模式。總而言之，大腦就像身體的肌肉一樣，訓練越多，力量、性能和耐力就越強。

還有一點要補充的是，頭腦訓練與年齡無關。無論是四十歲還是八十歲，只要下定決心，都可以透過訓練培養專注力。辛苦培養出來的專注力，到了決戰之日就會發揮真正的價值。

建立小而愉快的規則

每天早晨一起床，我都會聽傑森・瑪耶茲的〈Make It Mine〉這首歌。每天早晨以自己喜歡的歌作為開始，有助於減少負面情緒，加速進入一天預定的作息。就像「一切操之在我」（Yes I'll make it all mine）這句歌詞一樣，不管是學習還是其他任何事情，我都會抱著「一切操之在我」的積極心態打開書本。

當然每個人的愛好都不一樣，所以不一定要聽這首歌。我覺得如果可以由自己來決定方法或規則的話，更能發揮巨大效果。每次在學習討厭的學科之前，我都會像唸咒語一樣大喊：「盡我所能！」（其實是握緊拳頭使勁大喊：「加油！加油！」）一旦開始學習，即使再討厭的學科也不會放棄。

我們之所以會討厭一門學科，原因很簡單，就是因為「無法理解」。在這種情況下，解決的方法也很簡單。

先用前述的方法壓住負面情緒，然後打開書本累積知識就好。學得越多，理解的範圍就越大，負面情緒也就越少。

想提高成績，至少就應該做出這樣的努力。另外，雖然可能需要一些時間，但我認為，與其遠離討厭的學科，就此停下腳步，不如按照我所提供的方式試試看。暫時收起負面的想法，為自己的大腦做個自主積極的主人，一一擊破每個學科。

大腦遺忘多少，
就會重新記住多少

> 99

　　人的大腦會根據重要性分類，然後忽略其餘無意義的部分。這聽起來似乎匪夷所思，但遺忘在我們的大腦和記憶功能上，也是一種非常重要的機制。

　　這並不代表大腦會一下子失去所有記憶，而是在某種程度上透過漸進的方式慢慢消失。當大腦第一次接觸資訊時，會最大限度地嘗試記住並保存資訊，但隨著時間過去，不用的資訊就會被淘汰。在加拿大麥基爾大學研究記憶的奧利佛・哈特教授說：「沒有遺忘，我們就沒有記憶（Without forgetting, we would have no memory at all）。」根據他的說法，「遺忘」就等於是大腦的過濾器，過濾掉

大腦認為不重要的資訊。[注3] 所以，時常忘記無用資訊的人會牢記重要資訊。相反地，有很多雜七雜八無用知識的人，反而記不住真正需要的資訊。偵探小說裡的主角福爾摩斯也會將自己的記憶「去蕪存菁」，整理屬於自己的「記憶閣樓」。

一篇在二〇一六年發表的論文中也同樣提到，遺忘某些資訊是學習和背誦過程的一部分。[注4] 也就是說，只有忘掉無用資訊，才有空間置入新的資訊。當大腦碰上了新資訊，就會立即判斷腦中既有資訊哪些重要、哪些不重要，進行分類之後再來處理新資訊。

那麼，該如何積極利用大腦的這種特性，應用在學習上呢？還記得我在前面提過「在通讀的每個階段之間要間隔一兩天」這點吧？這種方法不僅對通讀，對日常學習也有很大的幫助。

舉例來說，回想一下你非常喜歡的電影或書籍。因為是自己喜歡的作品，所以會一遍又一遍觀看。仔細想想，你一定能感覺到，觀看第二遍和第三遍時記住的程度有非

常大的差別，學習也是如此。隨著時間過去，間隔一段時間反覆接觸同樣資訊的次數越多，越能記住更多東西。在平時學習的時候，如果能定期複習學過的知識，必然會感覺到內容進入了長期儲存階段。

所以重複是很重要的。若想將資訊永久儲存在長期記憶裡，就只能一遍又一遍查看相同的內容。就算忘記了學過的東西也不必太擔心。第三次學習時記住的量就會自然而然增加，到了第四次、第五次的時候，透過一再重複的過程，忘記的量和必須重新記住的量都會逐漸減少。

其實我在學習的時候，如果碰到學過的東西卻完全想不起來的情況，反而會很高興。因為我非常清楚，只有經歷多次「學習→忘記→再學→再忘」的過程，才能將知識保存在長期記憶庫裡。

所以別再怪自己記性不好，這世上沒有人能真的看過就過目不忘。體驗越多次怪自己「我真笨，又忘記了」的時刻，才能在長期記憶庫裡置入更多資訊。就算把學過的東西全都忘得一乾二淨也別氣餒，繼續向前努力！

答對的題目
也要再看一遍

我非常喜歡做選擇題，因為這是揪出平時不以為意的細節最好的機會。

在有了一定程度的學習情況下做選擇題的話，就算不知道正確答案，也能得出「答案就在選項中」的結論。這種茫然的時刻經歷得越多，考試當天就越容易掌握出題者的意圖。

做選擇題時很重要的一點是，挑出無法釐清正確答案的選項、掌握混淆的原因，然後再看解析。選擇題通常都是故意針對細節部分設計的，如果不清楚細節就會造成混淆。因此，沒必要為無法立即找出答案而感到失望，每當

你在一和四、二和五之間游移不定時，就應該高興自己能透過這個機會有所收穫。

一般人通常會跳過答對的題目，只看答錯題目的解析。但就算麻煩，我也會把所有題目的解析都看一遍。因為在很多情況下，即使答對了，但看了解析之後才發現自己選出正確答案的理由是錯的。總而言之，重要的不是答對了幾道題，而是是否透過正確方法得出正確答案。如果不是以正確方式解題，而是運氣好猜對了答案，卻又不願意查看解析，以後做題時就只想猜答案，那反而有害。所以從現在開始，與其誇耀自己很會猜答案，不如好好查看解析吧！

在查看解析時，不要只是機械性地閱讀，最好能把重點整理出來。我會另外整理一本選擇題重點筆記（或者歸納在已經整理好的重點筆記裡也可以）。

譬如，我在學習不動產法規時，會預先準備如下的架構（整理筆記的基礎始於看著目錄製作的「骨架」），在做選擇題時如果發現容易混淆的部分，就把內容加進去。

範例

基本目錄

不動產

一、所有權

A. 當前產權

  1. 無條件土地繼承權
  2. 無效土地繼承權
  3. 終身不動產權
    a. 終身承租人的權利和義務：禁止毀損原則
B. 未來利益

在基本目錄中加入選擇題的重點

不動產

一、所有權

A. 當前產權

  1. 無條件土地繼承權

---

2. 無效土地繼承權
3. 終身不動產權
  a. 終身承租人的權利和義務：禁止毀損原則
    i. 故意毀損－主動毀損（為利用自然資源）－基本通則：不得開發自然資源。★例外：當需要維修和保養時，可明確賦予先前使用過的權利。但該權利和先前一樣僅限於對自然資源的使用（根據露天開採原則，除現存礦山外，不得開發新礦山）。
    ii.放任毀損 (1) 必須支付（抵押貸款利息、稅金等）使用費，但該義務僅限於從土地上獲得的收入或利潤的範圍內。如果未得到任何利潤，應在合理的租賃行情範圍內支付使用費。(2) 有修理的義務，但應在利潤或合理的租賃行情範圍內進行修理。
    iii. 計量毀損
    iv. 終身承租人的權利和義務：稅金
    i. 必須繳納財產稅，但僅限於根據土地實際交易行情收取的租金範圍內。或僅限於終身承租人佔有土地時。
B. 未來利益

> 已經熟知的部分就不必摘要。

在整理筆記時，可以根據重要性，採用粗細不同的字體或用螢光筆標記，基本上就是要用不同的顏色來強調重點。如果發現有例外的內容，就用粗體字標示，我通常會用藍色標示特別重要的部分。如果類似的題目經常出現的話，我就用黃色螢光筆來強調。同樣的題目如果答錯兩三次以上，我就乾脆用紅筆寫，以達到醒目的效果。

已經熟知的部分我就不會添加在筆記裡。譬如我已經對「計量毀損」的內容了解得滾瓜爛熟，做題時也從來沒有答錯過，沒必要添加相關內容，也就不寫了。

　　記住，選擇題重點筆記的目的不是要整理所有資訊，而是「只放入不懂的部分」。建議在考前一個月的時間裡把這本筆記通讀一次，略過已經理解的部分，只針對變得簡單多了的內容學習就行。也沒必要刪除以前的舊筆記，只要使用不同的標題，例如「不動產法選擇題筆記一」、「不動產法選擇題筆記二」、「英文閱讀測驗選擇題筆記一」、「英文閱讀測驗選擇題筆記二」，像這樣加上編號保管就可以。因為偶爾可能還是需要查看舊筆記。

　　這本筆記的最終目的是要慢慢清空，最後只剩下「骨架」。一開始不得不用血肉填滿骨架之間的縫隙，但隨著反覆做過數百、數千道選擇題，把填滿筆記的血肉都背了下來之後就可以剔除血肉，只留下骨架了！透過這個過程，就再也不怕任何選擇題了。

別再用螢光筆
練習著色

—————————— 99 ——————————

　　如果你要的是正確理解內容，而不是單純快速閱讀的話，建議你可以應用「主動閱讀法」。

　　「主動閱讀法」是指對主題充滿興趣，一面在心中提出疑問一面閱讀。像我的話，當我勉強「假裝」很有興趣，努力去關注時，效果就會加倍。「為什麼我要學這門學科？」「怎樣才能將這門學科應用在現實生活中？」像這樣以各種觀點引發興趣，讓自己關注並且試著去理解。此外，努力將閱讀的內容長期儲存在大腦的「記憶閣樓」裡，也是學習中非常重要的行為之一。

　　曾擔任哈佛大學教育系研究所教授的威廉・裴利博

士，就曾經針對一千五百名學生進行一項以「閱讀」為主題的實驗。他給學生一本三十頁左右的歷史書，要求學生在二十分鐘後分辨本書的主要重點，並寫一篇和內容相關的短評。結果，大部分的學生雖然在選擇題測試拿到高分，但在短評方面，一千五百位學生中只有十五個人寫得出來。[注5] 因為學生根本沒想到要看看這本歷史書開頭的摘要和書裡空白處寫的說明。學生已經習慣於「能拿高分的揀選閱讀法」，所以看不到大格局。

看到這種情況，博士指出，若想正確理解書籍內容，學生應該採取「主動閱讀」，而不是一般閱讀，也就是邊問自己邊讀。

主動閱讀的方法有很多種，我想介紹以下普林斯頓大學推薦的方法，我自己試過，效果很不錯。[注6]

閱讀前先問自己

正如裴利博士所說，如果在事前對文本內容一無所

知，或全然不知閱讀目的何在的情況下被動閱讀，絕對無法正確理解內容。應該先問問自己現在要閱讀的文本主題是什麼、對這個主題是否有若干了解、為什麼要閱讀這個內容等等，並且思考具體的答案。

重要的部分用簡單記號標示

我們經常會用彩色螢光筆或彩色原子筆在文本上著色或劃線。但對內容的本質都不甚理解的狀況下忙著上色，就只是在「練習著色」而已，可說沒有什麼比這更愚蠢的行為了。在多次閱讀文本，可以分辨出真正重要部分時再來著色也不遲。

因此，當我第一次閱讀文本時，我會用鉛筆簡單地畫星號或方格來標記重要的小標題。下面的照片是我在學習微積分時使用的教科書內頁。正如照片上所示，我盡可能不在教科書上留下醒目的筆記，如果非寫不可，就使用鉛筆。那麼如果寫錯了，或者已經學得很通透，後來覺得很

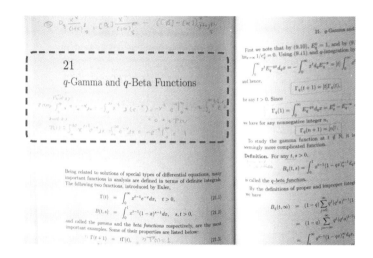

簡單的時候，隨時可以擦掉。

不要濫用螢光筆

　　如前所述，過度使用螢光筆對理解內容不會有幫助，反而有礙。萬一標錯地方，會把不重要的部分誤認為很重要。同樣地，與其一開始就用螢光筆著色，不如邊讀文本，邊將有疑問的地方或段落裡的關鍵詞之類用鉛筆寫在

十分鐘熱度學習法

空白處。

　　以下是我在學習商標註冊法時使用的教科書。如照片所示，有不懂的內容我就用鉛筆在空白處以簡單提問方式寫下來，或是每個段落都以最少的幾個字簡單寫下摘要。

我在廁所
背英文單字

　　我是一個只要一開始學習，就非得用學習填滿整個生活才會感到安心的人。感覺上好像很難，但其實以學習來填滿生活這件事，可以從非常小又簡單的地方開始做起。我把該學習的內容寫在便利貼上，然後四處張貼在家裡的每一個角落。當和考試相關內容的便利貼或便條紙隨處可見時，自然而然便能毫不費力地學習。事實上，「不經意地學習」是最沒有壓力，也最有效的學習法。

　　在學習歷史、生物、法律之類需要大量背誦的學科時，我很喜歡使用這種方法。只選擇很難背起來的部分抄在便利貼上，然後遊走在家裡各個角落，把便利貼貼在眼

光經常會觸及的地方。

如果家裡有房門，就在走動時與視線等高的位置貼上一兩張，門把旁邊貼一兩張。還有廁所坐馬桶時看得到的牆壁上貼五張（如果有便祕的情況，多貼幾張更好！）衛生紙架上貼一兩張、廚房冰箱上貼一兩張、流理檯旁邊也貼一兩張……像這樣把便利貼貼滿家裡每個角落，不管走到哪裡都能看見自己正在學習的內容。

這種活用便利貼的方法很簡單，就是「不經意地走到哪學到哪」。每當抄在紙上的內容映入眼中，不需要背誦，走動時不假思索地讀一遍就行。那麼過了一段時間之後，只要看到便利貼，還沒正眼看去，抄在紙上的內容就會先躍入腦中。但是，就算內容已經看得滾瓜爛熟的便利貼也先不要撕下來，把抄了新內容的紙張重疊貼在上面就行。因為偶爾也會突然想知道「之前背了什麼？」這時與其翻找筆記，不如撕下一兩張貼在家中各處的便利貼，看看舊便利貼，還能節省更多的時間。不過，便利貼兩三張重疊貼在一起時容易變得黏性不佳，所以如果要重疊貼好

幾張的話，最好還是用透明膠帶固定住。

　　此外，便利貼上如果能畫上一些與內容相關的「塗鴉或圖畫」會更有用。例如，當我必須記住「onerous」這個英文單字的時候，就在便利貼上畫一個與其相關，只有我看得懂的簡圖。這個英文單字的意思是「負擔很重」，我就以單字末尾兩個字母「us」，畫上表達「我們」之意的「人」，然後在人上方放上一塊大石頭。簡單地說，就是用圖畫表現出「沉重的大石頭on us（在我們上面），所以負擔很重」的意思。

也許有人會問，「on us」可以理解，但中間的「ero」跑到哪裡去了？但是，這種圖不需要畫得很完美，別人看不懂無所謂，自己看得懂就行。不管是在洗碗或看電視的時候，當我抬起頭看到畫有這幅簡圖的便利貼，馬上想起「Onerous」這個英文單字和字義就可以。

這種方式的學習在什麼情況下會發揮作用呢？譬如考試的時候，當我苦苦思索「卡爾文循環是什麼」的時候，一瞬間貼在冰箱上的便利貼模樣、貼的位置，以及上面的簡圖、字體，甚至連紙上的皺褶都會如照片般清晰浮現在我腦海中。

現在，我希望你能暫時闔上這本書，把必須背下來的目錄分別寫在小便利貼上。再怎麼不擅長默背的人，也很難忘記一天到晚都能看到的便利貼內容。

用手記，
不要用腦記

"

　　大多數人討厭數學的原因都差不多，簡單地說，就是「不理解」。

　　當被問到對於數學看法的時候，有人會說：「我數學真的很爛！」有人會說：「數學？我有自信啊，算厲害的！」卻很少人會說：「我數學中等程度，不好不壞！」所以數學，不是理解就是不理解，二者之一。

　　但是，在正式開始學習數學之前，絕對沒必要感到害怕。也就是說，數學這門學科只要懂了，一定比想像中更容易拿高分。任何人都可以透過反覆練習來掌握數學，因為這個學科既要靠理解，也要靠背誦。在延續背誦的話題

之前，首先來了解數學的基礎。

第一階段：了解數學基礎概念

　　生活中一定時常聽到類似「數學要穩紮穩打」、「解題要先理解基本概念」這樣的話。對於已經放棄數學的人來說，基礎尤其重要。我在學習數學時，絕對先從教科書開始讀起，然後才透過我喜歡的習題集來打基礎。我不會從一開始就花心思去蒐集習題集，而是找一本自己喜歡的集中做題，這樣反而更有幫助。

　　接著，再根據自己的喜好和情況，挑選從頭到尾詳細解說的習題集，或是只解說基本概念的習題集。美國人常用巴倫（Barron's）或卡普蘭（Kaplan）這兩家出版的習題集，我個人覺得因為卡普蘭習題集上面的解說簡單易懂，所以主要使用這家的產品。

　　選好了習題集，為了理解基本概念，要從頭開始把題目仔細地看一遍。這麼做的基本目的，是為了知道概念是

如何適用在題目上的。傳統觀念或許會認為，還沒完全了解概念之前，先不要匆匆忙忙挑戰做題，但先把教科書或習題集上的題目瀏覽一遍，有助於了解現在看的內容以後會如何應用。

　　如果想知道自己是否已經懂得基本概念，可以在看完一個單元的小標題之後，測試自己是否能想起之前學習過的內容，或者能否像說給某個看不見的人聽一樣，大聲解釋這個概念。例如，在參考書裡一看到「極限」這個概念時，如果能順口說出「極限的定義就是當x接近a時，f(x)接近L。這個概念可以用在比較函數大小，例如夾擠定理上」的話，表示已經十分理解這個概念，那就稱讚一下自己吧！充分理解之後，接下來最好能把概念和公式一起背起來。

第二階段：背誦數學

　　前面提到過數學也是背誦學科，但背誦數學和背誦歷

史之類的學科不一樣，必須建立在「理解」的基礎上。因此，與單純背誦歷史不同，必須先理解基本概念之後再開始背，效果會更佳，也有助於成為長期記憶保存下來。如果基本公式和概念都背下來了，就可以開始挑戰教科書或參考書的題目，再看看解析，慢慢理解公式的用法。

數學這門學科，如果能預先背下題目解析，考試的時候會有非常大的幫助。就算考試當天頭腦一片空白，只要手能記住解析照著寫出來，就不會有多大問題。那麼，手能記住解析是什麼意思呢？就如同字面的意思一般，同一個題目做了好幾次以後，自然而然會把題目和解題過程一起背下來。許多人通常只會做一遍參考書題目，之後複習就只針對做錯的。但是，我買了習題集後會先用鉛筆做題，然後用橡皮擦乾淨後從頭再做一次，至少做三次才罷休。尤其是碰上一錯再錯的題目，重複的次數會更多。

當然，購買好幾本習題集，體驗各種不同類型的題目也很重要。但是如果想提高分數，最好的方法就是把懂的題目都理解到滾瓜爛熟為止。以這種方式反覆做一本習題

集，慢慢就會發現做錯的題目大幅減少。只有在所有題目只錯不到一兩題的時候，才有資格轉入下一本習題集。第二本習題集也同樣要瘋狂地反覆做題，直到題目完全化為己有。

當我在背數學題目的時候，解析也會一起背。只背題目，或不理解解題過程只記答案，很有可能白費功夫。只有題目連同對應的解析「成套」背下來，才能如同數學機器一般解題。而且背題目的時候，我建議最好按照單元、類型，分開來背。

目的就是為了在碰上某個很難的題目時，腦中會浮現：「這題目好像在哪裡看過？這麼解題就行……」所以要盡可能練習越多題目越好，以理解和背誦為基礎，靠你的手來記住答案。

要笑著迎接
姍姍來遲的朋友

99

　　說到學習，人們往往覺得一定要坐在書桌前全心投入才叫學習。

　　其實不然，就算坐在書桌前，真正專注在學習裡的時間又有多少？一天的時間裡，上學、上補習班時搭公車、地鐵移動的時間，還有吃午餐、吃晚餐、上洗手間等等所花掉的時間也不少。因此，越接近考試，利用這些零碎的時間學習就越重要。抓住這些別人等閒視之隨便浪費掉的零碎時間學習，在考試當天不知道會發揮多大的力量！

　　在等公車或地鐵時，我們常會用手機觀看YouTube影片，或和朋友傳訊息聊天。但不妨以解一道題來取代這些

行為，不然把上課時不太理解的部分再看一遍也可以。或許聽起來很像陳腔濫調，但珍惜考試前的零碎時間學習，會得到意想不到的大幫助。

我在美國準備參加第二次律師考試的時候已經是全職員工，所以不能像其他學生那樣整天坐在書桌前用功。一大早上班工作，下班回家已經很晚，連學習的時間都不夠用。所以我能想到的，就是利用零碎時間學習。

在公司工作的時候，如果遇到瓶頸，我就用做一兩道題來代替休息。午飯時間我也沒有和同事聊天，而是一個人一面吃飯一面做題。下午，在公司附近繞一圈散步的時候，我會戴上耳機聆聽線上教學。從位置上起身走去廁所的時候，我會利用這短暫的時間多看一道題目或把該背下來的部分再多讀一遍。坐在廁所裡的時候，我會把剛才走過來時看的題目或記住的部分，一面在腦中回想，一面閉著眼睛背誦。上下班時間開車的時候，我會一直聽線上教學，或想像我正對著某個人講課似地，大聲講解背下來的內容。如果在講解過程中出現滯礙的地方，回家以後就找

十分鐘熱度學習法

出來看，然後再大聲講解一次。

　　週末出去和朋友見面的時候，我也一定帶上習題集、書、筆記本和文具用品等學習上需要用到的物品。在等待朋友或朋友上廁所剩我一個人的時候，哪怕只是片刻時間，我也會翻開書讀兩頁。真正迫切的時候，我甚至在開車回家的路上，一面等紅燈一面做題目。而且現在這個時代，利用手機或筆記型電腦看習題集都很方便。可以說，連機器都在幫助人們隨時隨地做題。

　　總而言之，重要的是心態。只要抱持「一有時間就學習」的心態，沒有做不到的事情，也沒有做不成的事情。我對這樣的學習方式一點壓力都沒有，原因也在於心態。對我來說，零碎學習就像玩遊戲一樣，一想到在短暫的零碎時間裡，能讀多少的量，能做多少道題，我就覺得這是一個有趣的挑戰。

　　學習這件事，如果覺得沒什麼大不了，那就真的沒那麼困難。一有時間就學吧！

考試十分不等於

人生十分

　　不可否認的是，學習時最重要的事情之一就是「精神力量」。

　　只有精神能維持幾個月，甚至幾年時間都不動搖的人，才是最後的贏家。這次，我想聊聊我個人使用過的保持心態的方法。

像在職場上下班一樣遵守學習時間

　　要對待學習如同對待「職場」一樣。顧名思義就是，第一、至少要有像在一般公司上班工作那麼長時間的學習；第二、要像在公司上班遵守基本出勤時間一樣學習。

一般在就業之後，都是早上九點上班，下午五點或六點下班。當然，也有很多人加班，也有人上晚班。但平均來說，我們想像中的職場就是「9 to 6」。即便因為平日上班、上學，只能利用晚上自由時間或凌晨學習，至少要在週末努力養成早上九點準時開始學習，一直坐到下午五點的習慣。

這樣的學習最重要的，是為了喚醒早晨的大腦。不管各位在準備哪種考試，大部分考試都是從早上九點左右開始的，所以平時就應該練習讓大腦在這個時間活躍起來。就算是自己在家進行模擬考試的時候，按照實際考試時間進行會比突然在晚上吃完晚飯後進行要來得好，原因也在此。

我只有今天，沒有明天

一定有很多人在還沒開始學習之前就已經感受到沉重的壓力，不斷自問：「量這麼多我要怎麼背？何時才背得完？」還沒開始挑戰就已經想放棄。

我也常常會這樣，所以採取了一個方法，那就是把自己當成「蜉蝣」。一旦制定了計畫表之後，不看計畫表的首尾

或整體，只把焦點放在當天的「分配量」上。也就是說，我只關注今天一天短期性該做的事情，絕對不去思考長期性任務。而且就像朝生夕死、沒有明天的蜉蝣一般，抱著要死也得先讀完再死的心情完成任務。

不要用考試結果來評價自己

參加考試最討厭的，就是「他人的眼光」。在我第一次律師資格考試落榜，重新開始學習的期間，接到了一位住在美國另一個州的韓國朋友的電話。

「妳考試沒通過？」

我問她怎麼知道？朋友說她在旅居美國的韓國女性經常拜訪的網站上，看到有貼文說我考試沒通過。

朋友笑說：「大家都等著看妳落榜，也有留言說妳會放棄律師工作改行當 IG 網紅。」朋友可能是出於好玩的心態告訴我，但站在當事人的立場，這不能不說是個無比沉重的壓

力。我最不想告訴親密的家人或朋友的事情，就是有關我在準備考試或準備求職的事情。但連我不認識的陌生人都知道我在準備重考的事情，這讓我感到十分難受。萬一考試沒通過，不知道有多少人會嘲笑我：「不是說她學歷好，人又聰明，原來是個笨蛋呀，連○○考試都過不了！」一想到這裡，甚至不用五分鐘，我的心就真的痛了起來。

有時身邊的親友會問：「怎麼到現在還沒通過？什麼時候考試？結果什麼時候出來？」每次他們這麼問，我真想乾脆出個嚴重車禍算了，那就不用去考試了。

就在我獨自感傷的時候，我的上司兼律所指定導師雷納律師給了我一句話。

「就算考試落榜，

妳的人生也不會因此成為失敗之作。

這次沒通過，或許會被這家公司解僱，

但考試，再考就行。

職場也一樣，再找就有。

妳為什麼總想拿考試結果來決定，自己是什麼樣的人呢？」

　　我也知道考試不能代表整個人生，但對於在準備聯考的考生，或像我這樣在準備律師資格考試或準備求職的人來說，全力備戰中的目標，似乎就代表了整個人生。除了吃飯、上班、睡覺之外，我把所有的時間都投注在學習上，所以我的人生怎能不由考試結果來決定？

　　然而，為了保持良好心態，就算勉為其難，也還是必須時時將個人存在的意義和價值，與考試結果分開思考。否則，萬一結果不佳，可能就需要很長時間才能再站起來繼續往前走。每當我覺得自己好像一碰就碎，壓力大到難以承受的時候，我就會幫自己洗腦。

　　「妳的價值重於泰山，不是受考試結果所左右的鴻毛。
　　落榜就再考；不想考，不考也無所謂。
　　管他人愛諷刺愛嘲笑。

反正是妳的人生，

他人一兩句話，對妳的人生也不會有任何影響。

妳只要每天都按照自己預定的腳步往前走。

全力以赴之後，就把結果交給老天，

再看結果修改人生計畫。

而且，結果不代表結束，而是另一個開始。」

考試結果當然重要，但更重要的，是我自己。

CHAPTER 3

下半場
沒喊卡就不算結束

成功的祕訣就是為長遠的發展，

甘願承擔短期的損失。

——比爾·蓋茲（Bill Gates）

考前一個月的
適當學習量

距離考試只剩下一個月，如果之前一直在盡全力衝刺的話，那心理上的焦慮反而會在此時達到頂點。因為已經投入了最大限度的時間和精力，只有獲得相應的收益才算免於「失敗」。

然而，越是如此，就越得下定決心，不要聽腦海中傳來的負面聲音，摀住耳朵，張大眼睛，好好念書。記住！從今天開始到考試當天為止，什麼都不要想，這段期間就只能專注在學習上。

考前一個月更是痛苦萬分的時期，學習量至少要比平時增加一點五倍，看書看到頭快爆炸，覺得自己快死掉，

有人無意間招惹就敏感得眼淚直流。如果在事關人生的考試前一個月裡，依然能保持心情沉著冷靜，那表示你不是已經做好澈底的準備，就是處於否定現實的狀態。

但是，即便已經做好萬全的準備，也不要一副胸有成竹的樣子，還是應該按照自己一直以來的方式繼續學習。因為人的大腦，忘事的本領最強。如果沒有足夠的勇氣面對現實，一心只想逃避或否定現實，那也應該再做一道題，再整理一下筆記，多想想美好的未來，埋首努力。

那麼，這個時期的適當學習量應該是多少呢？這麼說可能有點低俗，但我個人認為，讀到「快吐的程度」才算適當。

其實我在參加 GRE（美國研究所入學考試）和律師資格考試的前一個月裡，狀況真的很糟糕，身心狀態就像無家可歸的流浪漢。參加 GRE 考試時，我還在麻省理工學院上最後一個學期的課，共有六門課，而且因為是最後一個學期，上的是數學最難的課程，有好多地方看了幾十遍也搞不明白。尤其在上量子微積分學的課時，根本搞不懂

　　　　　　　　　十分鐘熱度學習法

內容，弄得晚上覺都沒辦法睡。課要上，GRE 要準備，所以持續著每天只睡三四個小時的日子。還曾經問和我一起準備 GRE 考試的朋友說：「再這樣下去我會不會死掉？」結果她非常體貼地說：「我聽過有人玩遊戲玩死的，卻從來沒聽過有人讀書太努力讀死的。」要我放心。

事實上，為攻讀博士課程而考的 GRE 考試，在入學申請時比重並不如想像中那麼大，只要拿到適當的分數就可以。但是我和別人的情況不同，大學一畢業，我是在沒有碩士學位證書的情況下就想直接攻讀博士課程，所以不容絲毫缺點，分數越高越好。（沒有碩士學位直接攻讀博士課程的情況在美國也很罕見，但不是不可能的事情。我的情況是在大學期間就已經參與教授計畫寫進論文裡的研究課題，做過相關的研究工作，才有可能這樣跳級申請。）

現在 GRE 考試怎麼考的我不太清楚，不過當時是用電腦考，考完以後，除了作文之外，選擇題分數會立即顯示在電腦螢幕上。考試結束確認分數那一刻，我簡直不敢相信自己的眼睛。

滿分一六〇〇分，我拿到了一五八〇分，百分之
九十九！

　　我甚至忘了自己身在考場，大喊一聲：「Oh, my
God!」揉了揉眼睛，這真是聞所未聞、見所未見的高分。
我記得回家以後還不斷懷疑：「不會是我看錯了吧？」在
成績單正式寄到家裡來之前，我一直惶恐不安。直到現
在，我依然忘不了期盼已久的成績單放進我手中的那一
天。

　　隨着時間過去，當我在研究所提交入學申請書時，從
教授們口中最常聽到的話就是：「我這輩子第一次看到這
麼高的 GRE 分數。」後來聽某位教授說，我一入學就被
冠上了「GRE 分數頂尖學生」的綽號。這一切都要歸功於
我拚死拚活的學習過程，才得以實現目標。

　　準備參加律師資格考試的時候也一樣。從我早上睜開
眼睛到晚上睡覺之前，中間沒有任何休息，一直在用功，

有的時候甚至會感到腦子裡已經沒有多餘的空間放入新的資訊。死命學習過的人就知道，大腦裡所有空間都滿到要溢出來的那種感覺，就像早上尖峰時間搭地鐵，拚命把人往車廂裡推，卻因為擠得滿滿的沒有空隙，馬上又被彈出來。

在準備考試的過程中學習量倍增，所以情況也更瘋狂。GRE 考試其實適當地看幾次就行，想多看幾次也可以。但律師資格考試的性質就完全不同（而且我是第二次考），精神上和心理上的壓力都是無法比擬的，我完全無法擺脫這次非通過不可的想法。萬一又沒通過的話，不僅丟臉，還有在職場得看人臉色工作，以及還要再多等半年時間的現實性困難。在承受這種壓力的同時還要增加學習量，這絕對不是一件容易的事情。

但這句話的意思只代表不容易，而非不可能。感覺快要暈倒了，實際沒暈倒；感覺快死了，實際上沒死。在一個月瘋狂的密集學習之後，結果就是「罕見的高分」及「合格」。

還有一個月就要考試了，現在該做的，就只有瘋狂學習。要節制與周圍朋友的聯繫，不管在家還是在圖書館，都只能拚命挖掘「學習」這口井。只要忍耐一個月，便能拿到夢寐以求的結果，所以再累也不要放棄，硬撐也要撐下去。一直以來都做得很好，總不能在現在功虧一簣吧？

犒賞放在
考試後

"

如果你已經盡了全力，現在距離考試也只剩下一週，那我想先稱讚你一下。儘管一直處在情緒的雲霄飛車和壓力的漩渦中也沒有屈服，苦撐至今，我毫不懷疑你也必然能在剩下的一週時間裡完成最後一次衝刺。

離考試只剩一週，從現在開始至少要把所有學科從頭到尾都瀏覽一遍。如果在一週的時間裡必須看完六個學科的話，最好加快速度在三天的時間裡一天複習完兩科，剩下的四天時間則針對較差的學科更深入集中地複習。建議按照以下順序複習各個學科：

考前一週作息

❶ 閱讀課本：在快速翻閱課本時如果看到有哪裡比較不熟悉，可以針對那部分多用心讀幾次。

❷ 閱讀重點筆記：一行一行仔細閱讀之前分科整理的重點筆記。

❸ 閱讀考古題（歷屆試題）筆記和錯題筆記：除了重點筆記外，之前做完考古題整理答案時製作的筆記也要從頭看到尾。不管是核心筆記還是考古題筆記，我一定會用手指著該讀的地方，然後從記憶庫裡抽取出之前背過的東西，大聲背誦出來，再回頭看筆記。強行抽取儲存在腦中的訊息並用嘴大聲說出來，可以讓耳朵聽到聲音，多少提高一些記憶力。

❹ 複習考古題：看完筆記後，就該開始學習考古題。我不說「做題」是因為之前如果已經盡了全力學習的話，到了此時，該做的題目也都做過了，所以現在只是重新把做過的題目再複習一遍而已。所有題集至少都已經做過兩三次，也就不存在新的題型了。

　　最重要的是，考試絕不應該成為「驚喜派對」，試卷上的題目以前至少應該看過一次，頂多題型略有差異，所

以不會感到慌亂。看到題目應該立即有「似曾相識」的感覺，然後開始行雲流水般做題。我再強調一次，考試只是測試自己過去學習的成果，沒必要驚慌失措像被人偷拍了似的。

到現在為止，你至少已經做過全部的考古題，所以最好先把所有題目瀏覽一遍，只有在看到特別想不起來或解題過程有點混亂的題目時才再試著解題。之前既然已經認真衝刺過，每個學科中感到困惑的題目數量應該是屈指可數，不用花太多時間確認。

如果之前沒有盡力而為，現在距離考試只剩下一週的時間，就請針對各種類型考古題密集學習。雖然可能被嘲諷是臨時抱佛腳，但這種事就等考試結束後再去計較，當務之急還是專注學習。

在如此緊急的情況下就別想著好好做題，這是幾個月前就應該做完的事情。現在最好把題目和答案一組一組看完，至少要在筆記本上抄一遍解析。也就是說，盡量減少考試當天「嚇一跳」的次數。但是，不要像機器一樣只知

道抄筆記，還要用心了解題目的答案是怎麼導出來的。

正如我前面所說，每個學科我一向是無條件讀七遍，花好幾個月的時間整理各科重點筆記，把兩三本習題集不停重複地做上好幾遍，甚至另外整理成只有題目和答案的筆記。所以到了考前一週，我反而感覺很輕鬆。

當然，考試本身就代表了一種壓力，每個人都會對不確定的未來感到焦慮。但如果一直在努力學習，到了這個時刻，「理解」和「不理解」的比例大概會高於九比一。最重要的是，會從內心深處對自己累積了這麼多的知識感到驚訝和滿足，甚至脫口說出：「沒想到我之前竟然學了這麼多！」油然生出一股自信。

最後，也是最重要的一點，就是要一如既往地擁有適當的睡眠和攝取有益健康的食物。但為了不造成考試當天腹瀉、腹痛的情況，最好避免辛辣或過鹹的飲食，以營養均衡的菜單滿足每一天。由於我大部分時間是一個人生活，不方便做飯，所以都是買市面上出售營養棒之類的簡單零食來吃，有時也會吃些不會對腸胃造成負擔的清淡沙

拉和水煮蛋。一直吃同樣的東西雖然辛苦，但總比考試期間因為腹瀉，導致所有血汗努力付諸東流水要好吧，所以我一直都這麼做。

記住！在距離考試只剩下一週的這個時間點，可不是讓你大吃大喝犒賞自己的時刻，而是要在無病無痛的情況下，以最佳狀態發揮最大實力的準備階段。

保持
最佳狀態

""

　　隨著考試日期迫近，你承受的壓力可能會是以往的兩倍重以上。

　　時間和努力的果實雖然甜美，但過程卻無比痛苦。舉個類似的例子，據說歌手們最喜歡的事情就是站在舞臺上，而最討厭的事情就是站上舞臺前的練習過程。這話真令人感到心有戚戚焉。

　　但反過來想想，應考那天正是可以讓長久以來的努力終於公開見光的快樂日子，也是踏實付出努力和時間得以正式接受驗證的大好機會。話雖這麼說，但我也是人，從準備考試到正式考試的這段期間，我承受的壓力也不比別

人少。即使事過境遷，我還是會自覺地提醒自己，這段時間有多麼難能可貴。

若想好好展現之前磨練的實力，應考期間稍微用功一下就好。當然，這話只適用於之前拚命準備到快吐血的人。如果之前沒有好好用功的話，應考期間就別想著什麼調整狀況了，趕緊把知識先塞進腦子裡再說。雖然為時已晚，但還是希望你能從現在開始就進行「填無底洞」式的學習。

个過，如果你已經為考試努力了很長一段時間的話，此時絕對不要過度用功，讓大腦也休息一下，才能好好發揮應有的作用。我在應考期間主要是複習之前做過的考古題和答案整理而成的筆記，適量學習一下而已。因為考試如果不是當天結束，而是要進行兩天以上的話，那麼調整身體狀況更為重要。

「適量」學習到底是適量到哪種程度？就我個人來說，到考前一個月為止，每天學習八到十二個小時；從考前一個月開始，每天學習時間通常超過十二個小時。所以

我想解釋一下，我所認為的「輕鬆」或「適量」，至少是三到五個小時左右。我的個性是一天不學習心裡就很不安，反而睡不著覺，所以從來沒有一天放下學習。就算只是稍微用功一下，也會努力集中精神三個小時左右。這樣我才會感覺今天一天完美收場，可以放心睡個好覺。

還有，應考期間不要進行自我模擬測試。自我模擬測試的主要目的是為了檢驗自己是否具備足夠的知識，能在受限的時間裡做完所有題目，在考試開始後，過了多久時間專注力會開始下降等等。這種類型的測試，在應考之前早就應該做完。

最後還有一點，萬一第一天或第一堂的考試考砸了也絕對不要氣餒，反而要更澈底做好第二天或下一堂考試的準備。前面我就曾簡單提過自己的經驗，其他的事情我不敢說，但在學習和工作上，我近乎完美主義者，盡全力做好最完善的準備。然而，在最重要的律師資格考試頭一天，我的計時器卻因設置錯誤，導致我算錯剩餘時間，考試中途陷入恐慌。剩下的申論題大概需要一個半小時才能

寫完，但計時器操作錯誤，讓我誤以為考試時間只剩下三十分鐘。當我想著「怎麼可能在三十分鐘之內寫完申論題」時，我的心臟劇烈跳動到差點喘不過氣來。勉強回過神，才發現自己不知不覺地在掉眼淚。想到過去一年的艱苦努力說不定就此成為泡影，我全身動彈不得，像個石頭一樣僵在那裡，白白浪費了寶貴的三十分鐘。我無數次想著反正考砸了，不如回家算了，少在這裡丟人現眼，但幸好還是勉強自己定下心來，考完這堂考試。

終於，考試結束了，但我的心卻很不平靜，只覺得那種不能怪別人只能怪自己的情況太過荒謬，真是笨死了。不過大哭一場之後，我還是讓自己鎮靜下來，繼續努力準備第二天的考試。我咬緊牙關、握緊拳頭，像往常一樣拿出考古題來學習，背誦整理好的筆記。

我知道第一天考試犯下致命性的錯誤，所以第二天考試考得再好，也還是有可能落榜，但我不想成為因為害怕就落荒而逃的人。最重要的是，落榜就落榜，我不希望未來以自己為恥。幸好第二天的考試沒有再犯下什麼重大失

誤，考得還不錯，最後我終於通過了律師資格考試。如果我因為第一天考試考砸深受挫折，中途起身走出考場，或因為過於沮喪連帶影響到第二天考試的話，也就不會有現在的我了。

總而言之，考試期間要以考古題為主，適當學習的同時，也要注意調整身體狀況。還有，就算有部分考試考得不好，也不要過度傷心，繼續做好準備，在剩餘的應考期間全力以赴。一定有人像我一樣，第一天考砸了，第二天還能起死回生的，所以沒必要為了一時的疏忽受挫，提前浪費無謂的精力在悲傷難過上。

不要因為考砸了
就吃不下飯

"

　　最讓考生感到痛苦的，是心裡出現「考砸了怎麼辦？」這種負面的自我懷疑和自我否定。

　　本書再三強調的是盡全力學習，可是也不能因此在失敗時就倍感挫折。人都有可能犯錯、都有可能失敗，就算不是這次考試、這次求職、這次的事業，未來也有可能遭遇無數次失敗、犯下無數次過失。如果每次失敗都深感挫折，灰心喪志的話，你的人生將變得貧瘠。拚命瘋狂地學習，理所當然應該取得好成績，但就算不幸失敗，也不能因此心情一落千丈，沉浸在絕望和不甘中。

　　人生很長，比想像中更長，沒有什麼事情值得我們受

盡長時間的痛苦。至少絕對沒必要為了一次考試失敗就一蹶不振。

當然，這種心情是可以理解的。不管是半年也好，一年也罷，即便是大學入學考試，從某種角度來看，也算是一試定終生的考試，如果無法如預期般發揮實力的話，那該會有多痛苦、多難過、多生氣啊！也一定會對自己感到失望。我每次受挫的時候，也同樣會感受到那種複雜、難以言喻的情緒。

尤其在我不得不參加第二次律師資格考試時，當時所感受到的壓力，是我至今都不敢回想的。一想到周遭的人會如何嘲笑我，在他們眼中會把我看成多愚蠢的人，我就睡不著覺。

我一邊在律師事務所工作，一邊準備第二次律師資格考試的這段期間，一直垂頭喪氣像個「小可憐」一樣工作了好幾個月。雖然也能感覺到別人輕視的目光，但我是個像野草一樣的人，不會輕易做出半途而廢的行為，我不允許別人嘲笑我說：「我就知道她一定會放棄！」最重要的

是，先不管外界如何，我只想在自己盡力而為之後，得到他人對我發自內心的稱讚。

為了重新站起來，首先要改變心態。於是我這麼想：「失敗為成功之母，只要不重蹈失敗的覆轍不就行了？」區區一個考試、區區一個工作，根本無法定義我這個人。我沒必要為了一次失敗，不！就算幾次失敗，而陷入挫折感中。

的確如此。極端的挫折感證明了你為這次考試付出了極大的努力，所以沒必要再氣餒。我認為，對於這般努力過的人，實在不應該嚴厲指責或深陷自責，反而應該給予稱讚。

自從改變了心態之後，在學習時我總是不斷稱讚自己。我沒有高估自己，但也不想因此貶低自己。

「你做得很好。

能按部就班學習就很厲害了！

那麼現在，就不要輕言放棄。

即使要放棄，也等考完試以後再說！」

還有，即使考試考砸了，也要安慰自己、稱讚自己。

「不要失望，已經盡了全力，就要滿足於此。
收拾心情，重新挑戰就可以。
如果不想再繼續挑戰，停下來也沒問題。
因為我一直以來都很認真，
所以任何人都不能以我的失敗來評判我，
即便評判，我也沒必要在意。」

即使如此渴望的事情最後宣告失敗，也絕不代表結束，而是另一個開始，是可以重新挑戰，也可以嘗試其他挑戰的機會。所以，如果已經嘗過失敗的滋味，那麼，難過今天一天就好，明天重新站起來。既然已經盡了全力，就沒必要崩潰，因為你已經受盡了千辛萬苦。

最好從早上九點
開始學習

> 〞

　　考試是一場體力戰，國中高中時期，校內考試還可以臨時抱佛腳，但包括大學入學考試或律師資格考試在內的大型重要考試，就絕對不可能靠著幾天的惡補解決。

　　在準備這些考試時，因為要學習的量太大，要背的東西也太多，所以不可能在一兩天之內就學完。碰上這種考試，體力就和學習同等重要。因此我認為，考前如何分配體力、如何維持身體狀況，才是考試致勝的關鍵。

　　尤其是準備時間需要三個月以上的考試，運動就和學習一樣重要，理由有很多，我想說說其中的幾個。

　　首先，運動有助於消除慢性疲勞，提升能量。通常

一般人會在需要活力時喝能量飲料，但其實只要花十五到二十分鐘的時間做做慢跑、伏地挺身或開合跳之類的運動，對健康、對大腦都有好處。這說法聽起來好像和運動會消耗能量的概念正好相反，其實運動會讓我們的身體充滿活力。

其次，運動不僅可以使身體充滿活力，還可以活化大腦。當我們擺動身體，使用筋肉時，會從大腦釋放蛋白質，這種蛋白質會提高記憶力和促進認知能力。因此，不只為了身體健康，也為了大腦健康，一定要讓運動成為每天必要的日常活動。

最後，運動能讓人情緒穩定。眾所皆知，運動能讓大腦分泌胺多酚，這種激素不只能減輕壓力，還能反過來讓人感到愉悅。因此，運動不僅能提供能量、活化大腦，還能減輕面臨考試逼近所帶來的精神壓力。

其實我個人非常討厭運動，所以我用頻繁散步來代替運動。我最近正打算養兩隻小狗，遛狗時也能兼散步。無論是像我一樣出去散步，或者在房間裡練習開合跳都好，

每天最好都要運動。請丟掉「區區幾個伏地挺身能有多大幫助」的想法，最重要的，應該是你想盡到一切努力的積極態度。

還有重要性僅次於運動的狀態管理，最好能配合「考試時間」來調整生理時鐘。一般考試通常從上午九點開始，因此最好從考前一兩個月開始，就要比考試時間提早兩個小時起床，上上廁所、喝杯咖啡，九點準時開始用功。這樣學習的最重要原因，是為了喚醒清晨時間的大腦，平時就應該多練習，配合考試時間活化大腦。

以我來說，加州的律師資格考試需要花兩天的時間。第一天六個半小時，考五題申論題和測驗題；第二天五個小時全考選擇題（最近因為新冠疫情，考試安排可能有所改變）。中間雖然有休息時間，但還是需要有足夠的體力為後盾，才能持續在三四個小時內集中精神考試。

為了應付這種長達好幾個小時的考試，平日可以多練習申論題和選擇題，也可以把時間花在聽課或背誦筆記上。但週末則最好指定一天，到圖書館或閱覽室等類似考

場的地方，配合實際考試開始的時間進行模擬考試。如果是持續六個半小時的考試，建議你連中間休息時間都要模擬得完全一致。

　　模擬考試結束後，不要只忙著計算分數，還要確認一下自己的狀態。例如，想一想自己是從哪個時間點開始注意力變得分散，為了避免考試當天發生同樣的情況，自己該怎麼做。以我來說，會先閉上眼睛幾秒鐘，在心中反覆自我激勵，這對穩定心神很有幫助。因此，即使是在考試當天，當我感覺注意力開始分散的時候，就會暫時閉上眼睛，在心中重複默念十遍：「妳做得到！」然後再繼續做題。我也有同事是透過呼吸運動來提升專注力，也就是大家都知道的，用鼻子吸氣四秒，再用嘴呼氣八秒的方式，算是非常簡單的呼吸運動。

　　還有一點，別忘了大腦需要利用碳水化合物來產生能量，以及咖啡，即咖啡因的重要性。我上大學的時候，教授們經常說：「餓著肚子來考試的學生是最愚蠢的。」因此我不僅強調「攝取適量的碳水化合物和比平時稍微多一

點的咖啡因，有助於活化大腦」，也建議大家考試當天至少要吃一片吐司和兩杯咖啡。

　　碳水化合物一旦進入體內被消化之後，就會轉化為我們通常稱之為「葡萄糖」的一種小醣分子，而葡萄糖就是大腦最需要的能量來源。根據《華爾街日報》的報導，一起床就喝一杯咖啡，四小時後再喝一杯咖啡，有助於提高精神和智力的敏感度。[7]也就是說，如果考試在中午十二點開始，那麼早上七點三十分喝一杯咖啡，十一點三十分再喝一杯的話，考試時就可以保持最佳狀態。

　　就像這樣，好好培養體力，維持身體良好狀態，努力在最佳狀況下參加考試，這和努力學習一樣重要。因此，就從今天起，讓我們開始運動和調整身體狀態吧！

總想偷看
別人的考卷

坦白說，我小學的時候曾經作弊。

那時，我為了能考上藝術中學正努力學習著。迫切想取得好成績的壓力，讓我在看到不會的題目時，偷偷瞄了一眼鄰座同學的考卷，得到的結果就是「後悔」。我原本選的答案才是正確答案，同學選的是錯的。雖然滿心後悔，但我也不能坦白承認自己照抄了別人的答案，只能不了了之。

不久後又有一件類似事情發生。雖然不是作弊，但我因為考試分數不如預期來得高，於是瞞著老師偷改分數。沒想到老師還記得分數，就在教室裡當著其他四十九名學

生的面問我：「東珠，妳是不是改了分數？」我當下非常尷尬也很後悔，從座位上站起來回答：「是的，老師對不起，我偷改了分數。」

老師反問我，九十二分也很高了，為了還要改成九十五分？我回答我也不知道。老師嘆了口氣叫我坐下來。我羞愧得想哭，但還是忍住了，就那樣乖乖坐在位子上，仔細地思考。

我為什麼要做這種事情？因為小小年紀就已經感受到分數的壓迫。父母要求非拿到第一名不可的壓迫，以及要進藝術中學就得有好分數的壓迫。我就這樣從小飽受分數、升學問題等等壓力，導致我犯下這麼嚴重的錯誤。

接連經歷了這兩件事情，卻也讓我得到更大的啟示。那就是，不管處於什麼壓力之下，都要相信認真學習的自己，以及如果不能堂堂正正站在別人面前，那麼拿到再高分數也沒有用。

在壓迫和壓力下，為了擺脫作弊的誘惑，我唯一能做的就是更加努力用功。所以我瘋狂地學習，用學習來填

滿每一天，除了學習，什麼都不想。學習完困難的學科之後就稱讚一下自己，也允許自己再讀一些簡單的學科。吃飯、洗澡、上下學的路上，我總想著學到的東西，在腦中反芻學習的內容，該記住的是否都正確無誤地記牢了，一覺醒來是否還能連個助詞都沒錯地正確背出來。

「適度」這個詞不適合學習，適度的學習代表還「不夠」用功。有時候學得太努力了，我還會不知不覺地產生「這樣下去我會不會死掉」或是「再這麼拚，我的頭都快爆炸了」的想法。我個人認為，要有讀得快死掉的感覺，一天天不自覺地眼淚掉個不停，才算是真的在拚命用功。這樣學習下來，到了考期將近的時候，就會產生一種「別人一定沒有我這麼用功，知道的也一定沒我多」的自信，也就沒必要去抄別人的考卷了。

而且考試其實就是測試自己所學、所知的時間，所以一定要參加考試。現在，就讓我們想像一下自己瘋狂學習後參加考試的模樣。每當我看到那樣的自己，都會為自己感到驕傲。但願閱讀本書，也在準備應考的你，同樣能為

自己感到驕傲。與其靠作弊來改變結果，我希望你能擁有自信和勇氣，靠自己的努力來改變一切。

要吃大腦想吃的，
而不是自己想吃的

"

　　學習期間攝取有益身體健康的食物非常重要，但更重要的是要多吃有益大腦的食物，因為可以藉此提高學習的效果。

　　根據紐約大學精神科兼任教授，也是威爾康奈爾醫學院副院長的麗莎・莫斯科尼博士所說，多吃有益大腦的食物是我們最該注意的，因為我們吃下去的部分食物會組成大腦的結構。總而言之，飲食對人類的「認知能力」和「記憶力」有直接的影響。[8]

　　此外，為了讓大腦發揮最佳功能，到四十五歲大腦結構完整組成以前，都需要補充足夠的營養。我們的大腦

是非常有效率的，所需要的大部分營養素通常都能自行生成，有不夠的地方才從食物中「吸收」。因此，攝取最適合大腦吸收的營養素，就可以提升頭腦的認知能力和記憶力。

眾所皆知，核桃和杏仁等口味清淡的堅果對大腦有益。不過除了堅果以外，還有很多食材在活化大腦方面也有很大的幫助。維護身材雖然重要，但其實「維護大腦」才是最重要的。為了讓大腦靈活運轉，我平時就很注意攝取實際有益大腦的食物。

脂肪較多的魚類

魚也不是隨便吃哪種都可以，最好吃生長在深海中脂肪較多的魚類。例如鮭魚、黑背鯖魚或鰻魚，主要是為了攝取Omega-3脂肪酸。之所以要吃脂肪較多的魚類，是因為大腦有百分之六十是由脂肪組成的。

深綠色蔬菜

最近流行的羽衣甘藍和菠菜等深綠色蔬菜，富含神經系統所需的維生素、礦物質和纖維素等必需營養素，尤其富含大量的維生素E。眾所皆知，維生素E有助於提高粒線體（細胞器之一）的功能和整體神經功能。

特級初榨橄欖油和亞麻籽油

特級初榨橄欖油和亞麻籽油富含大腦最愛的Omega-3和維生素E之類的成分。這種成分有助於防止老化和保護心臟健康，一舉兩得。

可可

甜甜蜜蜜，大家都喜歡的巧克力裡也富含有益大腦的營養成分：可可，但是含量必須超過百分之八十以上才有

用。可可含量超過百分之八十的巧克力富含可可鹼，不僅具有防止細胞老化的功能，還能預防心臟病，是一種非常好的抗氧化劑。

複合碳水化合物

之前也流行過生酮飲食減重法，就是一種減少碳水化合物的飲食習慣。但碳水化合物實際上含有對大腦有益的營養，別忘了，大腦就是利用碳水化合物中的葡萄糖作為能量來源。如果你是考生，最好適當地攝取碳水化合物，尤其在需要用腦的考試當天早上，建議你不管多忙都至少要吃一塊麵包。順帶提醒，比起一般的麵包，全麥麵包的營養成分不僅能提供大腦轉化能量，也不會對血糖值有太大的影響。

漿果

藍莓和巴西莓之類的漿果富含抗氧化劑，可以防止老化。漿果是纖維和葡萄糖的來源，其升糖指數較高，對身體也有好處。

水

對增強記憶力最有幫助的飲食之一就是水。為了維持健康的大腦，最重要的就是保持體內充足的水分。水除了填補腦細胞之間的空隙和形成蛋白質之外，還負責吸收營養和排除毒素。此外，即使每天的飲水量只減少百分之二～四，也會破壞大腦均衡，導致身體反應變得遲緩、頭痛、情緒突然波動等變化。水是大腦組成不可或缺的要素，所以最好每天都能以一杯水作為開始和結束。

高手會先上網從面試官的
名字開始查起

"

　　面試，是無論經歷過多少次，依然會讓人感到緊張和不安的人生大事。

　　然而人生在世，不管願不願意，總是不免參加無數次面試，每次面試如果都因為緊張而無法做好自我介紹的話，就真的太冤枉了。

　　以前的我也是這樣，面試日期決定之後，從幾天前我就開始變得神經緊張，壓力巨大。但是隨著經驗的累積及年齡的增長，對待面試的看法也自然有了一百八十度轉變，現在雖然多少還是會有點緊張，但已經不再有大到可能會搞砸面試的壓力了。

美國和韓國有點不同，通常會先經過一輪書面審核，接著透過簡短的電話詢問，才有可能參加最後的面試。當時因為我就讀的法學院排名非常低，成績也不怎麼好，在尋找實習機會或求職時，往往無法通過書面審核，僅有極少數幾家和我有過電話詢問。然後只有屈指可數的公司寄來面試邀約，我無論如何都想通過面試，在這種壓力之下，心情就變得焦躁無比。

面試的時候，有可能會被問到意料中的問題，但也有可能碰上意料之外的問題。不管被問到什麼樣的問題，最重要的是要對自己有「正確的認識」。先要清楚自己是什麼樣的人，才能知道要應徵的公司是否適合自己在未來幾年安身立命。因此，在投遞履歷之前，最好先慎重思考自己的生涯規畫、目標、人生觀和價值觀等等。

但最重要的是，想想自己可以提供這家公司什麼樣的幫助。如果是帶著過去工作所磨練出來的技能入職的話，那麼可以對這家公司做出什麼樣的貢獻。

也許會有人指責說，一個剛從學校畢業的社會新鮮人

去思考：「我有什麼可以幫助公司的？」未免也太不知分寸了吧。但不管碰上什麼樣的機會，我們都必須擁有「自主意識」，否則很可能永遠抓不住機會，只是白白浪費時間而已。

就舉我從就讀法學院時期，一直任職到最近為止的博欽律師事務所面試的經驗來說吧！當面試日期定下來之後，我就把律所網站從第一頁到最後一頁仔細地看了一遍，只要看到和我的特長或經驗相關的地方就另外整理在筆記本上。甚至連律所的歷史也認真看過，盡可能背了下來。

接著，我查看了想投入領域的合夥律師的長相和姓名。我不僅看了他們的學經歷，還確認了他們和我有沒有什麼共通點。在美國，通常會把自己的興趣愛好也寫在自我介紹裡，所以我找了找，有哪些律師和我擁有類似的愛好，面試前是有必要做這種「背景調查」的。全都瀏覽一遍以後我就開始認真思考，「我」這個人進了這家律所之後，能為公司的發展做些什麼貢獻。

再者，我所應徵的智慧財產部門裡大部分是白人男

性，身為東方人又是女性的我並沒有因此退縮，反而生出一股自信，相信自己可以從與眾不同的角度去看待問題。而且，除了英語之外，我還會說韓語、日語、中文，多國語文能力也有助於我和東方人客戶保持密切關係。此外，我認為自己透過美術專業所學到的創意性思考，以及學習數學所掌握的邏輯性思考，也可以應用在處理法律相關業務上。當你準備面試時，最好也能這樣將自己獨有的專長和公司業務連貫起來思考。

事實上，這種想法也許不是左右面試結果成敗的決定性因素。但無論如何，在準備面試時，想一想「如果站在公司立場，我想招聘哪種職員」，或者「對管理有什麼樣的看法」之類的問題，就能讓你找到切實可行的答案。

最後，不要忘記面試其實是一種雙向交流，面試官想要的不是陳腔濫調的機械性回答，而是想知道我是什麼樣的人。所以至少要積極地讓公司知道自己所具有的獨特優點，以及這個優點能為公司提供什麼幫助。

另外請記住，正如面試官可以評價我一般，我也可以

評價面試官和公司。意思是說，一旦在這家公司上班，至少也有一兩年的時間一整天都要面對面工作，自己要好好思考是否真的願意和這些人一直在一起。如果能意識到自己也在面試對方的話，就會集中精神應付面試官所提出的問題和所說的話，也會很自然地產生許多想問的問題。

面試無疑是一種類似考試的難關，因此，準備得越充分，結果也會越好。就算不是真的想去，但既然是自己應徵的公司邀約，當成累積經驗也好，盡全力準備，對自己也有幫助。這也算是在為自己的面試實力打下基礎，當真正想進的公司邀約面試時，才能爭取更好的結果。

駕馭時間的人

　　韓國最近流行「N-Jober」一詞，也就是「身兼多職者」。

　　隨著百歲時代的開啟，終身職場和終身職業時代漸漸消失，一個人可以透過各種不同領域的職業，盡量發揮能力的時代終於到來。

　　過去認為，沒能力的人才會一下跳這家公司、一下跳那家公司，不停地換工作。但近來社會的看法有了改變，反而認為「只有」沒能力的人才會一輩子固守在同一家公司工作。

　　實際上，在美國擔任程式設計的工程師至少每兩三年就會換一家公司，藉由這樣的戰略不斷調升自己的職位和年薪。大家都覺得，如果在一家公司待久了，晉升就會變慢，年薪

也很難調漲。

　　大多數像我這樣在大型律師事務所開始職場生涯的人，在入職一兩年之後就會跳到別家律所，或乾脆轉換跑道成為大企業內部的法務律師。當然，由於大型律所的特性，也有「工生平」（Work Life Balance，工作與生活的平衡）的問題存在。但就算是為了晉升和年薪問題，轉換跑道也勢在必行。

　　即便不換工作，周圍也經常能看到有人下班後為了創業或第二、第三個副業而工作、學習到天亮。有藝人白天跑外送，晚上當歌手出場唱歌；有漫畫作家白天是上班族，晚上才畫網漫。我也是一樣。

　　最近人們最常問我的一個問題就是：

　　「徐東珠小姐究竟從事哪個行業？」

　　從韓國節目製作的型態來看，提出這個問題應該是問我是否已經辭去律師工作的意思。但是，我從未說過要辭去律

師工作，也從來沒有辭過律師工作。首先，律師這個職業本身因為必須取得執照，所以不是說不做就可以不做的工作，就和做過一次醫生就永遠是醫生的道理是一樣的。會提出這種問題的人，大部分似乎都不太相信一個人怎麼能同時擁有好幾種職業。

他們的腦袋裡大概都塞滿了像是：「她是怎麼做到從事律師工作的同時，還上節目、出書、開設 YouTube 頻道呢？」「律師工作那麼辛苦，一定是被公司解雇才改行當 YouTuber 吧？」之類的問題。不過很抱歉，他們都錯了。

他們都不知道「有限的時間細分之後就變成無限」這個簡單的原理吧！就像再忙也一定有時間和心愛的人約會一樣，我也領悟到，不管再怎麼忙，只要規畫好時間，律師工作、作家工作、電視工作、YouTuber 工作都能做到。

那麼，你一定很想知道我是如何分配時間的吧！基本上，我採取兩種方式來利用時間。第一種方式是將一天的時間大分為幾個區塊，每個區塊都完全投入不同的工作。

十分鐘熱度學習法

一、按一天的時間劃分區塊使用

第 1 區塊：上午九點～十二點→ 律所業務

第 2 區塊：下午一點～五點→ 公司業務

第 3 區塊：晚上六點～十點→ 廣播節目和 YouTube

相關工作

第 4 區塊：晚上十一點～十二點→ 寫書

近來我都是以這樣的方式將一天時間分割成四個區塊。第一個區塊時間，處理現職律所的相關業務；第二個區塊時間，處理屬於仲介型態的小公司業務，主要是協助美國企業進入韓國的工作；第三個區塊時間，我錄製 YouTube 影片或處理節目通告；最後夜晚的時間則寫作出書。第二種方法是按照一週規律分配，每天處理不同的工作。

二、按照一週規律分配使用

週一：律所業務

週二：公司業務

週三：律所業務

週四：電臺工作

週五：YouTube 工作

週六：寫作出書

週日：視情況安插未竟的工作

　　像這樣把一週的每一天都安排不同的工作，一個星期就可以過得非常充實。也許有人會問：「對妳這樣只知道埋頭工作，一點都不休息的人，『工生平』意義何在？」我以前在一家律師事務所全職工作的時候，也會在週末搖身變成作家寫作。但是，無論是那時還是現在，我都不認為我的日常作息會損害「工生平」，反而是藉由週末充滿熱情地工作，讓我感到工作和生活達到了平衡。

　　我所認為的「工生平」，不是下班後可以去逛街或可以躺在床上閒著沒事做的生活，而是下班後是否有時間可以為實現自己真正的夢想投入努力。從這個意義上來看的話，今天的身兼多職者才是真正理解「工生平」的人。

NOTE：

憤怨不滿
只會一無所獲

學習是一場和自己的戰鬥，所以一定會感到孤獨。

學習的時候，沒有人可以幫助我，就像被獨留在無人島上，無論如何也得執行生存任務一般。雖然可以藉由放置在身邊的各種工具得到適當的幫助，但要適時適所地使用這些工具，或者當這些工具都派不上用場，必須打造新工具時，就得靠我自己一個人來做。

學習本身就已經很辛苦了，我甚至不得不一個人在外國學習，因此在成長過程中品嘗了相當多的孤獨滋味。從我抵達美國的第一天開始，就和孤獨展開了戰鬥。在紐約機場我的背包整個被小偷偷走，包含護照在內的所有貴重物品也因

此全部遺失。

　　所有的東西都不見了，我的感覺不是又要從谷底重新開始，而是得從「地底下」重新開始。「啊！我真的一個人來到美國這個國家」的想法席捲而來，讓我感到極端的孤獨，遭竊事件或許就是我在美國生活的前哨戰。因為語言不通（在美韓國留學生除外），連交個朋友都不容易。

　　朋友倒是其次，我連基本的溝通都不行，上課也上得很辛苦。算了，課業擺第三，我甚至連基本的日常生活都無法處埋。

　　「早餐幾點開始呀？早晨清掃我負責什麼呀？

　　我要怎麼打電話回韓國，幾點可以看電視？

　　網路要怎麼連接？

　　在哪裡洗衣服，晚上幾點熄燈？」

　　上課的時候我什麼都聽不懂，動不動就被老師責罵。我能聽到的，不是一句句溫暖的關懷，而是不停責罵，這也讓

我越發感到寂寞。但就是因為我孤獨寂寞，所以只能選擇學習。

要消除孤獨感，我就必須儘快適應生活，必須跟上課業，必須交上朋友。為了做到這些事情，我首先得認真學習，從最基本的語言──英文開始學起。我將寂寞、茫然的心情昇華為對學習的熱情。每天都像有人在後面追趕似地拚命努力用功，終於慢慢適應了生活，在美國的學校裡也受到了像在韓國時一樣的肯定。

「DJ is a hard-working kid.（DJ是個認真刻苦的孩子）」

（美國人很難說出「Dong-Ju」的發音，乾脆就把我的名字簡稱為 DJ。）

當大家開始發現我是個認真刻苦的孩子之後，老師和同學們都變得尊重我、支持我。如果當時我因為來到異鄉，人生地不熟倍感孤獨寂寞的時候，只是無謂地徬徨、抗拒的話，那我只會變得更寂寞。唯有努力學習，盡到身為學生的本分，

才能克服這種寂寞。

　　所以，即使不是像我這樣在異國他鄉生活，也不要因為現在的孤獨茫然，在該學習的時期不努力學習。盡自己所能適應學校生活或考生生活，才是最重要的。

　　事實上，最近我也經常感到孤獨寂寞。我在美國生活了一段時間才回到故鄉，久居異國，讓我反而對自己的出生地首爾感到陌生。在文化、人種、語言全都不同於美國的首爾，要以律師、作家、廣播從業者身分生存下去，不是一件容易的事情。我雖然會說韓語，但似乎還不足以進行深入的交流和溝通。

　　即使如此，我也不會讓自己深陷陰鬱冰冷的情緒中。再怎麼孤獨寂寞，我也必須理性地檢討自己從中獲得了什麼。

　　生而為人，任何人都有陷於自我情緒無法自拔的時候。我們都很脆弱，當然可以沉浸在自己的感傷和感情中短暫地掙扎。但冷靜下來，儘快擺脫這種情緒，從長遠的角度來看也是有好處的。

　　所以，每當我感到孤獨的時候，我就會以更理性的方式，

站在第三者的角度來看待問題。當我越感到孤獨茫然的時候，

反而會越珍惜自己所面臨的每一件事情，想要盡最大的努力

突破現狀。我相信，以這樣積極的心態做出的每一個選擇疊

加在一起，就會在十年、五十年之後為我打造出一個積極的

未來。

注釋

1 ETS TOEFL iBT® Reading Practice Sets

2 Srini Pillay, 〈The Ways Your Brain Manages Overload, and How to Improve Them〉, Harvard Buisness Review, 2017.

3 Dalmeet Singh Chawla, 〈To Remember, the Brain Must Actively Forget〉, Quanta Magazine, 2018.

4 Yunlong Liu, Shuwen Du, 〈Hippocampal Activation of Rac1 Regulates the Forgetting of Object Recognition Memory〉, Current Biology, 2016.

5 Perry, William G., 〈Students' uses and misuses of reading skills: A report to the faculty〉, Harvard Educational Review, 1959, p. 193-200.

6 〈Active Reading Strategies: Remember and Analyze What You Read〉, The McGraw Center for Teaching and Learning, 2017.

7 Jo Craven McGinty, 〈What's Your Ideal Caffeine Fix? An Algorithm Can Tell You〉, The Wall Street Journal, 2018.

8 Lisa Mosconi PhD, 《Brain Food》, Avery Publishing Group, 2018.

寫下你的自尊感筆記

Date. _____ / _____ / _____

TO DO LIST

Date. _____ / _____ / _____

TO DO LIST

Date.   /   /

TO DO LIST

Date.   /   /

TO DO LIST

國家圖書館出版品預行編目資料

十分鐘熱度學習法：一句英語都不會說的少女，這樣成為美國律師／
徐東珠著. -- 初版. -- 臺北市：圓神出版社有限公司, 2022.07
　　240面；14.8×20.8公分 --（圓神文叢；317）
　　譯自：서동주의 합격 공부법：영어 한마디 못하던 열세 살 소녀는 어
떻게 미국 변호사가 되었을까
　　ISBN 978-986-133-829-3（平裝）
　　1.CST：成功法　2.CST：學習方法
177.2　　　　　　　　　　　　　　　　　　　　　111007129

www.booklife.com.tw　　　　　　　　　　reader@mail.eurasian.com.tw

圓神文叢 317

十分鐘熱度學習法
一句英語都不會說的少女，這樣成為美國律師

作　　者／徐東珠
譯　　者／游芯歆
發 行 人／簡志忠
出 版 者／圓神出版社有限公司
地　　址／臺北市南京東路四段50號6樓之1
電　　話／（02）2579-6600‧2579-8800‧2570-3939
傳　　真／（02）2579-0338‧2577-3220‧2570-3636
總 編 輯／陳秋月
主　　編／賴真真
責任編輯／吳靜怡
校　　對／吳靜怡‧林振宏
美術編輯／林雅錚
行銷企畫／陳禹伶‧林雅雯
印務統籌／劉鳳剛‧高榮祥
監　　印／高榮祥
排　　版／莊寶鈴
經 銷 商／叩應股份有限公司
郵撥帳號／18707239
法律顧問／圓神出版事業機構法律顧問　蕭雄淋律師
印　　刷／祥峰印刷廠
2022年7月　初版

定價 350 元　　　　　　ISBN 978-986-133-829-3　　　　　版權所有‧翻印必究

◎本書如有缺頁、破損、裝訂錯誤，請寄回本公司調換　　　　Printed in Taiwan